原來，廉潔是種拒絕的

RECTITUDE IS AN ART OF REJECTION

許汝紘暨編輯企劃小組 —— 著

因為古老，所以美好

——在經典文學中借鑒先賢的品德智慧

中國文學博大精深、浩瀚無邊，無論說理、敘情都蘊含深意。我經常覺得，能看得懂文言文的現代人真的好有福氣，除了能在字裡行間覺察作者的深意、想像文學的美好、探索其中的映像之外，也能毫無障礙地和偉大的文學家們交心、溝通，知古鑑今、學習知識、發現真理。

《越古老越美好》系列叢書，是從《四庫全書》與《筆記小說大觀》中取材、編寫、評述而成的。分別歸類整理成七大主題，編輯成書。每一個主題都在對應當代社會在極速躍進與科技不斷翻新之下，人們心靈的空虛與品德遺失等課題。每一則精選出來的故事均寓意深遠，且極富趣味。對照今日社會百態，即便是過去大家都能嚴守分際的人情世故、待人接物、應對教養、品德教育等簡單的生活倫理，都在人人撻伐道德淪喪聲中，被忽視殆盡。而這些美好的品德教養卻在經典中，處處可見，隨手可得。

我認為，文學的魅力不應該受限於時代、語言、國界的束縛，而文體的表達方式，也不應該只能有一種詮釋方法。中國許多優美的經典文學作品，更不應該受限於文言文的隔閡，而讓今天的讀者望而生畏。浩瀚精彩、博大精深的中國文學作品，如果能找到更多元的入門通道，那麼成千上萬冊精彩的創作，將會是人人都喜歡的最佳讀物。

從經典中攫取生活智慧是《越古老越美好》系列叢書的編輯方針，希望讀者能在輕鬆閱讀中，看懂古人的文章內涵與深刻的寓意，領略其思想脈絡，借鑒其中的智慧，落實在現在的生活當中，借鑑學習、延伸應用。

高談文化出版集團　總編輯

許汝紘

原來，廉潔是種拒絕的藝術

將相之廉

名士之廉

原來，守信是種問心無愧的選擇

原來，謙和是種以退為進的智慧

原來，

廉潔是種

拒絕的藝術

將相之廉

子罕以不貪為寶

樂喜，字子罕，春秋時期宋國人。據《左傳》記載，他出身顯貴，在宋平公十二年以司城而執掌國政。春秋時期是中國從奴隸社會向封建社會過渡的時代，社會制度急劇變化，禮樂崩壞，社會離亂，政治變幻莫測。統治階級中的有識之士多從道德這個意識形態尋找出路，認為統治者的德行是至關重要的，主張加強個人的道德修養，子罕就是這樣一個注重個人道德修養的人。

宋國有人得到一塊兒美玉，思慮再三，決定獻給子罕，卻遭到了子罕委婉但堅定的拒絕。獻玉者剛開始以為子罕是怕寶玉有假才不肯接受，便強調說：「我已經請治玉專家做過鑑定，的確是稀世美玉。」子罕淡然一笑，說：「你以美玉為寶，我以不貪為寶。我如果接受了你的寶玉，咱們雙方都失去了最可貴的東西，多不值得呀。」獻玉者又以懷揣寶玉不便趕路，一旦遇上歹人難免遭劫喪寶為由請子罕收下。經過子罕妥善策劃安排，這個人把他的玉高價賣出去，得以富歸鄉里。

子罕儉以養德的作風，也很讓時人敬佩。有一次，他在自己的府邸接待楚國使者。楚使見子罕家的房子南面和西面都不規則，被鄰居家侵占了一些地方，感到十分不理解，怎麼這樣的高官還住在這樣的地方呢？子罕解釋說：「南面的鄰居是工匠，從事皮革製鞋生產已經三代了，如果逼他們遷走，一來宋國想買鞋的人找不到他們，二來這戶人家的生活也就沒有著落了，所以我沒有讓他們遷徙。至於西面的鄰居，是因為他家所處的地勢高，我的房子地勢低，潦水自高而低流經我家，就成了這個樣子了。如果禁止潦水東流，就不近情理了。」一番話使楚國的使者大為歎服，回到楚國立即進諫阻止楚王攻宋。

子罕不但堅持以儉養德，注重個人修養，還關心民生疾苦。他勸最高統治者節制自己的奢欲，儘量不違農時。當宋國出現大饑荒時，他力主拿出庫儲糧食救濟災民，同時動員官員向食不果腹的饑民出糧食。他本人則在出借糧食的時候不寫契約，以示不求歸還。子罕這種散糧救荒的舉動，特別是他以「不貪為寶」、崇儉養德、清正廉潔的高尚品德，不僅贏得了當時宋國民眾的信賴，也成為後世從政者的楷模。

觸類旁通

子罕面對美玉的誘惑能輕鬆委婉地拒絕，堅持自己廉潔的品德；而且位居國相，卻不以權壓人，像普通百姓那樣與鄰居和諧共處。正因為宋國有子罕這樣為官清廉、品德高尚的仁相，雖南有楚、北有晉、東有齊三個大國，卻都不敢輕易發動對宋的戰爭。道德教化的力量有時候是無窮的，人格的震懾力有時也是難以計量的。

孫叔敖的遺囑

孫叔敖是楚莊王的國相，執掌朝政許多年，為國家的強盛、楚莊王成就霸業做出了很大貢獻，他廉潔奉公，從來不謀私利，家無餘財。

孫叔敖病逝之前，把兒子叫到身邊，留下遺囑說：「你沒有什麼專長，待我死了以後，你無以為生，生活一定很貧窮艱苦。楚王如果要封你官爵和土地，你碌碌無才，不能做官白拿國家的俸祿；你也不善於經營產業，管理不了大的封邑。因此，你絕對不能接受楚王的封賞，如果實在推辭不了，就要一塊最貧瘠的土地吧。」

孫叔敖生前做官非常清廉，從不聚斂分外之財，甚至連楚莊王多次賞賜的封地，他都堅決推辭沒有接受。他死以後，家裡沒有一點田產和錢財，又斷了官俸，他的兒子無以為生，只好日日砍柴，靠賣柴的錢養活老母，艱難度日。有一天，他的兒子出去賣柴，碰到了一個叫優孟的寵臣，也是孫叔敖生前的好友。這個人善於表演、說笑話，深受楚莊王的喜愛。他看到從前國相的兒子衣衫襤褸的當街賣柴，非常吃驚，問明情況後，不僅深受感動，還打算為他想辦法。

於是，歷史上就上演了一齣叫做「優孟衣冠」的故事。優孟知道楚莊王非常懷念孫叔敖，就趁他喝酒的時候，裝扮成孫叔敖的模樣，前去祝酒。楚莊王看見眼前的人酷似孫叔敖，就一定要拜他為相。優孟見機會來了，就非常為難地說：「我不能做您的國相，孫叔敖一生忠心效國，幫助您成就了霸業，沒想到死了以後，兒子卻沒有立錐之地，窮得靠打柴度日。那些貪官雖然卑鄙，子孫卻能騎肥馬，乘坐華麗的車；而廉潔的官死後，後代還要受窮，我怎麼能做廉潔的官呢？」

楚莊王這才知道了孫叔敖家裡的情況，立即派人把他兒子找來，賞賜給他很大的封地；孫叔敖的兒子卻堅守父親的遺囑，推辭不要。最後，只接受了最貧瘠的一小塊。

觸類旁通

做了相國並不利用手中的職權趁機斂財，為國家奉獻一生，卻絲毫不要求回報，還能嚴格要求後代，不能靠著父輩的功勞而白拿國家的俸祿。他的遺囑意味深長，也讓人不得不感動，為官者能做到自律又同樣要求後代的有幾人？楚莊王也實在讓人心寒，國家棟樑去了之後，竟然對其家屬不聞不問，還要讓人提醒才能予以眷顧，實在不是養廉之道。臣為君奉獻，君也要為臣解決後顧之憂，才能上下合心。幸虧楚莊王遇到了孫叔敖這樣只求奉獻不求回報的人！

孫儀拒收甲魚

禮品有輕重之分，賄賂有雅俗之別。在賄賂的過程中，送錢給物（一般之物）給人的印象總免不了一個俗字，而用「雅士」喜歡的物品作賄賂物，則具有「雅趣」，會給受賄者以意外驚喜。因此，「雅賄」者，乃投其所好擇「嗜」而賄也。

這些嗜好者，不是一般人，而是那些掌握一定職權的「雅士」。正如清代思想家趙翼所說：「凡勢之所在，利即隨之。」「是可知，賄隨權集……此權門賄賂之往鑑也。」這是他從明代查抄權貴家產的事件中得出的獨具慧眼的結論。

公孫儀是戰國時魯穆公手下的丞相。他特別喜歡吃新鮮甲魚，於是送魚的紛紛上門，但都被公孫儀一一回絕。公孫儀的弟弟對此很不理解，問：「你素來喜吃甲魚，為何別人好心送來，你卻不收呢？」

公孫儀說：「正因為我喜歡吃甲魚，所以才不能收。吃幾條甲魚固然微不足道，但倘若我經常收別人的禮品，那就要落個受賄的壞名聲，到頭來連丞相的官位也會丟掉。到那時，為兄再愛吃甲魚，恐怕也吃不成了。現在我不收別人的魚，倒還可以安穩地做丞相，多吃幾年我愛吃的甲魚。」

觸類旁通

賄隨權集，只要是權力所在，賄賂似乎就無孔不入，這也就是為什麼自古以來反貪倡廉就是吏治的一大重點。還有一句名言，「利之所在，雖千仞之山無所不上。深淵之下，無所不入焉。」人看見利益、錢財，膽子就無限擴張，所以當官的許多冒著革職殺頭的危險，明知故犯。

公孫儀身為國相，連別人送的甲魚都堅決不肯接受，問其原因，他風趣地講述常人能夠理解的原因，他能夠嚴格約束自己，犯小錯誤的機會都不給自己，比起那些尋找一些機會接受禮物的為官者，公孫儀實在是廉潔得很。

【原來如此講典故】

賄賂公行

【解釋】公然以財物行賄、受賄。

【出處】陳書・皇后傳・後主沈皇后傳：「閹官便佞之徒，內外交結，轉相引進，賄賂公行，賞罰無常，綱紀瞀亂矣。」亦作「貨賂公行」、「貨賄公行」、「賄貨公行」。

貧不私受，田豫得贈歸公

三國時期，天下大亂，不少官吏都趁機大撈一把，但也有一些人能夠做到廉潔自守，魏國的田豫就是其中的一個，他受禮之後自己不用，全部歸公。

田豫是漁陽人，當劉備投奔公孫瓚時，年少的田豫就投奔了劉備，劉備對他甚是看重。後來，母親年邁無依，田豫只好懇求回家，劉備感到非常惋惜，流淚送別說：「不能與君共成大事，真是遺憾啊！」

待母親病逝之後，田豫又投入了曹操的麾下。漢文帝初年，朝廷命田豫持節護烏丸校尉，鎮守北方邊界。當時，北方的游牧民族經常擾邊，田豫團結歸附的鮮卑族首領素利，打擊犯邊者，因此威震沙漠。

田豫為官清廉，雖然家裡很窮，有賞賜卻都分給將士；如遇上少數民族的人贈送禮物，也不拿回家，而是全部納入國庫。比如，鮮卑族首

領素利因為欽佩他，跟他來往比較親密，多次到他家做客，經常以牛馬送給田豫，田豫接受後絲毫不少地全數充公。素利還以為是因為這個禮是公開送的，所以田豫不敢接受，便改送黃金。他在懷裡藏著三十斤黃金，對田豫說：「請避開左右，我有話跟你說。」田豫照辦了。素利說：「我見你生活貧困，所以送給你一些牛馬，你卻全部交給國家。現在我祕密地送給你這些東西，可以補貼家用。」田豫就將金納入衣袖裡，並感謝他的深情厚誼。素利走後，他把三十斤黃金全部納入官庫，並上報朝廷。朝廷下詔褒揚他說：「過去魏絳開懷接納戎人的賄賂，現在你舉袖接受狄人的黃金，獻給朝廷，我很高興啊！」並賜給他五百匹絹。田豫得賜，把其中的一半納入地方倉庫，留下一半，素利來做客時送給他。

觸類旁通

田豫鎮守邊疆，能採取正確策略團結少數民族，各族首領感其德惠，知道他家裡貧困，常來送禮，他卻從來不私自領受，全部歸公，即使這些禮是暗中送來的。

對於朝廷的賞賜他也以一半充公，留下一半招待送禮的少數民族首領，感謝他的深情厚誼。田豫廉潔如此！如果所有的對外官員都能如此，外交事務必然全盤開花。

【原來如此講典故】

送往迎來

【解釋】迎接來者，送走離去的。形容人忙著應酬的情形。

【出處】漢書．食貨志上：「又私自送往迎來，弔死問疾，養孤長幼在其中。」

清廉父子千古留名

三國時期，魏國名將胡質和西晉名將胡威父子是歷史上有名的清廉父子，史書對他們的事跡多有記載，民間也流傳有很多關於他們的傳說。

胡質曾經任過東莞郡太守九年，從軍征戰數十次，每次因軍功受賞，他都全數分給部屬，自己分毫不取，將士們都很感激他的恩德，誓死為他效命。由於他為官清廉，屢遷高職，官拜荊州刺史、振威將軍。他的兒子胡威，為官繼承父親遺風，也官至青州刺史、前將軍。

胡質在做荊州刺史任上，胡威到荊州看望父親。胡威雖然是官宦子弟，但是由於家無餘財，備不起車馬僕童，只好騎著毛驢，帶著乾糧上路。沿途住客店時，他一邊放驢，一邊砍柴生火做飯。到了荊州，胡質看到兒子遠道而來，分外高興，父子兩人徹夜長談，親熱異常。頭兩天，胡質還能買些魚肉雞蛋款待兒子，幾天後，餐桌上就只有青菜豆腐蘿蔔湯了。胡威知道父親為官清廉，不治餘財，就沒有做過多要求，依然吃得津津有味。十幾天過去了，胡威要回到老家，向父親辭別時，胡質竟然拿出一匹質地精美的絲絹給他做盤纏。胡威連忙跪下，問：「父親為官一向清廉，不知道怎麼會得到這匹絹的？」胡質笑著解釋道：「這是為父官俸的節餘，並非分外之財，你放心拿去吧。」胡威這才拜謝父親，騎上毛驢登程了。

歸途中，胡威意外地遇到了一個與他相伴同行數百里，並屢次向他提供幫助的人。胡威感到事情蹊蹺，決心問個明白。在他的追問下，才知道那個人是父親帳下的一員都督，見胡威返家盤纏不足，便以請假為名，一路上資助胡威。得知這個真相，胡威便將父親送給他的絲絹作為謝禮贈送給該都督，並要他不必再追行。事後，胡威寫信把這件事情告訴了父親，胡質非常生氣，仗責了該都督一百軍棍，並革去軍職。胡質病死後，家無餘財，只有皇帝賞賜的衣物和書籍而已。

胡威做官後，秉承了父親的作風，勤於政事，以廉潔清正為要務。西晉初年，他入朝覲見武帝，武帝談到當年他父親廉潔謹慎時，讚歎不已，並讚揚胡威與父同廉。胡威羞愧地說：「臣不如父。」武帝問：

「何以見得？」胡威答道：「臣父為官清廉恐怕人家知道，而臣為官清廉惟恐人家不知道。臣不如父，就在於這一點。」武帝聽完更加欣賞胡威了，因為他謙遜恭順，為官政績顯赫而廉潔守操，便下詔對他進行了褒獎。

觸類旁通

廉潔是一種為官的素養，這種素養使孩子在耳濡目染中受到薰陶，成為無形的教材，因而胡威能夠學習到父親的廉潔操守。胡質難得的是知道別人在幫助自己的兒子，但是違反了他廉潔的作風，也要對此人施行懲罰；胡威難得的是他的委婉直言，認識到自己的修為及不上父親的關鍵點。倘若為官者的優良作風都能世代相傳的話，那將是多好的前景啊！

顧協棒打送禮人

「給我重打二十大棍！」顧協怒氣沖沖地對家人下令。於是，兩名家僕立即上前架起一個身著便服的中年人，走到院子裡，開始用大棍重重地責打他。「哎呀，大人開恩，我以後再也不敢送禮了！」送禮人疼得眼冒金星，苦苦求饒。是什麼事讓德高望重的當朝忠臣如此氣憤呢？

原來，顧協被梁武帝拜為通直散騎侍郎，兼中書通事舍人，負責給皇帝起草詔書命令後，一些人見他可以接近皇上，權重位高，就想拉攏賄賂他，送禮的人絡繹不絕，他都一一嚴詞拒絕了。這天，他從前的一個學生又來了，送給他兩千錢。顧協十分惱火，心想：送禮這股風氣怎麼制止不住呢？走了這個又來了那個，看來對他們是不能客氣了。於是，他就命令家人將送禮者重打了二十大棍。從那以後，再也沒有人敢給顧協送禮了。

顧協很小的時候就沒有了父親，隨著母親生活在外祖父家裡。顧協

年少好學，幼有大志，參加科舉考試，所作的策論得到主考官的認同和讚賞，上報朝廷，對顧協授予了官職。為官以後，顧協勤政為民，一展宏圖，政績非常明顯，屢次升遷，手中的權力也越來越大，但是他一直保持清廉儉約的為官原則和生活作風。同朝為官者都有了寬敞的房屋、氣派的馬車，更不用說華衣美食了；而他還是不改以往，即使冬天還是穿著很單薄的衣服，吃得也非常簡單，自從母親過世之後，他更是終生布衣素食。他清介自守，最看不慣那些投機鑽營的行為，尤其是厭惡行賄、受賄的人，因此就發生了棒打門生的故事。

觸類旁通

面對屢煞不止的送禮風，顧協採取了「殺一儆百」的方式警告那些行禮人，不要再想這些歪門邪道，專心致志地做好自己的本職工作要緊。

雖然顧協的這一體罰顯得有些不近人情，但估計他也考慮到此人為自己的門生，拿他開刀又能達到震懾的效果，又不至於留下怨仇，這一棍棍打下去，既是顧協廉潔奉公的宣言，又是對門生的教科書，也是對善於行賄之道、為此忙得不亦樂乎的人的一種警告。

【原來如此講典故】

殺一儆百

【解釋】儆，警戒。殺一儆百指殺一人以警戒眾人。

【出處】漢書．尹翁歸傳：「其有所取也，以一警百，吏民皆服，恐懼改行自新。」

魏徵的臨時客廳

提起魏徵，稍微有一些歷史知識的人大概都會知道，他是中國古代歷史上最有名的諫臣，與唐太宗李世民一起被譽為「明君」、「良臣」。為官期間，監察朝政得失，敢於直言進諫、彈劾權貴，對貞觀年間的政治清明起了很大作用。但他的形象在人們腦海中比較平面單一，很少有人知道他的家居生活。

魏徵從小就失去了父母，家境貧寒，一直過著孤苦無依的生活。後來出家學道，喜歡讀書，刻苦勤奮，尤其喜好縱橫家說教，少有大志。他在隋末的混戰中幾經周折，投靠了李唐一方，因為在唐王朝統一戰爭中提出許多重要的建言而受到重視。玄武門之變後被李世民重用，先後授諫議大夫、尚書右丞兼諫議大夫，參與尚書省政務，並監察朝政得失。

魏徵為官期間，不計功名利祿的得失，敢於直言，先後向李世民進諫兩百多次，從內政、邊事、用人、賞罰、刑法、禮儀等各個方面陳述得失。所提的意見，都貫穿「居安思危、節奢崇儉」的主導思想，不僅體現了魏徵的政治遠見，而且表現了他雖位極人臣，卻力拒貪汙腐化，提倡節儉的自律和修養。

魏徵多次上奏舉報、彈劾受賄官吏，還屢勸李世民節儉省費、愛惜民力，在個人生活上要求也非常嚴格。早在青年時代，他就堅持不治家產。官至宰相時，仍堅持以儉養德、守拙尚節，保持樸素的生活作風。他所居住的房子十分卑陋，李世民幾次想為他重建，都被他堅決拒絕了。

貞觀十七年正月，魏徵由於操勞過度，心力交瘁，一病不起。李世民派人前往探視，見魏徵居住的地方連一個待客的正廳都沒有，立即下令限期為他建造一個臨時客廳。又根據魏徵一貫簡樸的習慣，賜給他素色的褥子、布被、几案、手杖等一套生活用品，以補其家用之缺。魏徵家裡終於有了個能夠接待來賓的正廳，也有一些像樣的用具了。

魏徵逝世後，唐太宗下令按照一品官的葬禮治喪，但魏徵夫人裴氏

涕泣辭謝說：「徵素來簡樸節約，如果現在按照一品的禮儀，所用的儀式太大，浪費的物品太多，不是魏徵所願。」唐太宗感懷不已，日後也對魏徵思念不斷，常向人說自己失去了一面鏡子、一位知己。

觸類旁通

魏徵位列高官，又十分得寵，卻甘守清貧，對那些奢侈富貴之流痛恨排斥。自己家裡連個客廳都沒有，還是李世民在他病重時下令強建，才有了臨時客廳，真可謂前所未聞。

綜觀魏徵一生，其耿心為國、直言敢諫的諍諍志節，廉儉養德、守拙全真的高尚品德，的確不失為後世從政者的一面明鏡。

牛僧孺拒收賄賂

牛僧孺是唐朝穆宗時候的大臣，以剛正廉潔著稱。

長慶元年，牛僧孺任御史中丞。當時宿州刺史李直臣貪汙受賄，按照當時的律法應該處斬。李直臣賄賂宦官為自己說情，穆宗皇帝也認為李直臣才能卓越，想寬赦他。但牛僧孺堅持依法辦事，他說：「過去安祿山也是才智過人，但為人奸詐，懷有不軌之心，結果反叛朝廷，發動兵變，使天下不得安寧。而今李直臣的才幹還不及安祿山，又怎能超越法律之上呢？為官不是只有才幹就夠了。」最後仍將李直臣依法處死了。

長慶二年，朝廷任命牛僧孺為戶部侍郎。這時，朝政腐敗，官吏收受賄賂已經成為司空見慣的事情，但牛僧孺卻堅持原則，一塵不染。

韓弘在宣武任節度使，明目張膽的貪贓枉法，朝野內外議論紛紛。

他的兒子韓公武為保住父親的官爵，打算用財物打通關節，賄賂朝中掌權的大臣，文武百官，很少沒有接受他的財物的。不久，韓弘父子相繼去世，只剩下孫兒，年紀尚小，沒有能力持家。穆宗皇帝不放心，恐怕韓家的財物被盜賊搶走，命宦官到韓家把財物帳本拿來，親自查閱。在帳簿上，韓家記載了每一位接受賄賂的官員的名字。當穆宗看到牛僧孺的名字時，只見用紅筆寫著：「某月某日，送牛侍郎財物若干，不受，全退還。」穆宗十分高興，認為牛僧孺清正廉潔，可以重用。不久，就任命他做了宰相。

牛僧孺在執政期間，恪盡職守，打擊貪汙受賄份子，成為唐帝國後期傑出的政治家。

觸類旁通

能夠做到濁世不汙，已屬難能可貴，牛僧孺還能做到嚴格按照律法辦事，不惜違背皇帝的意思。不在其位時，對力所不能及的事，他起碼能夠做到自己不沾染其中；面對財寶而不動心，保持清潔之身，也給自己後來的發展創造了難得的機會。「失去」財寶卻換來信任和重用，上天的安排是公道的。

官員貪汙成風，連皇帝身邊的宦官也積極參與，皇帝也對貪官的財物很是關心，可見那個世道在某種程度上來説有多「濁」。在這樣的環境中存在公正清廉的官員實在難得，世事公道恐怕也是這些人在維持，李家王朝的命脈大概也掌握在這樣的人手裡吧。

【原來如此講典故】

廉潔奉公

【解釋】清廉正直，奉公守法。

【應用】他向來廉潔奉公，深獲鄉里好評。

杜暹埋金

杜暹是唐朝名臣，他以考取明經出仕，初被授為婺州參軍；唐玄宗時，任鄭縣縣尉、監察御史、安西副都護、光祿大夫、中書門下平章事等職，以清廉著稱，成為後世學習的榜樣。

在婺州參軍期滿離任時，同僚們送給他一萬張紙。當時紙很貴，人們常以存多少張紙來表示富有，而且迎送官員送禮物屬於慣例，不算貪汙。可是杜暹只取了一百張，以示領受了同僚們的情誼，其餘全部退還給他們。同僚們見杜暹退還紙張，先是不解，弄清原因後都非常讚歎他的廉潔，紛紛說：「文不愛財，武不惜命，杜暹真是個清官。」

西元七一六年，杜暹遷升監察御史，主要負責監察彈劾百官。當時，安西副都護與西突厥可汗發生矛盾，雙方均上奏朝廷指責對方。為了弄清事實真相，朝廷便命杜暹前去處理。杜暹先到西突厥調查，西突厥見朝廷派人來，設宴招待，並拿出許多金子贈送杜暹。杜暹再三推讓，隨從見此情況，委婉地勸杜暹：「來到邊陲，不可失去當地人的情誼，否則會影響邊疆的穩定。」杜暹不得已收下。等到席散人空後，杜暹命隨從把贈金埋在了自己住的帳篷下面。幾天後，杜暹離開西突厥，行至半路後，用公文通知可汗，讓他們將埋在帳篷下面的金子收回。西突厥可汗既吃驚又感動，對他的清廉非常敬佩，上奏朝廷希望杜暹到安西任職。朝廷得知後，即命杜暹為安西副都護。杜暹在任副都護的四年裡，「緩撫將士，不憚勤苦，甚得民心」。

十年之後，杜暹升任中書門下平章事，廉潔奉公，辦事周密，受到唐玄宗的重用。七四〇年，杜暹病重彌留之際，對兒子說：「我死後，不要收別人贈送的財物。」他死後，唐玄宗非常懷念他，詔贈為尚書右丞相，並派人給其家人送去許多禮物，尚書省也送去了禮物。但他兒子遵照他的遺囑皆謝絕不受。

觸類旁通

一時廉潔，一世廉潔，是很容易做到的，還有可能是為了博取名聲、沽名釣譽。杜暹一生清廉，絕不給自己任何貪汙受賄的理由，善始善終。

杜暹的清廉與一般人不同，沒有顯得不近人情，他能夠根據具體問題靈活處理，既保持了原則，又不失人情味，照顧了大局，這種智慧和技巧很值得效法。

奉公終生事廉潔在其中

唐朝宰相李勉，是高祖李淵的後代，以近屬陪位入仕，歷任開封府尉、監察御史、河南少尹、廣州刺史兼嶺南節度觀察使等職。晚年入朝為相，任吏部尚書，平章事。李勉生性耿直，為官做人更是清正廉潔、奉公守法。

李勉少年貧困，客遊外地時，曾與一個書生同行，書生得病將死時，取出所帶金銀交給李勉，說：「我一個人遊學在外，將要死了，家人也都不知道，勞煩你把我葬了，剩下的你自己拿去吧。」李勉為使他安心而逝，答應了他的要求。然而安葬時，李勉卻將多餘的金銀放入書生的棺材裡。後來，書生的家人拜訪時，李勉和他們一塊兒打開墳墓，把金銀全部交給了他們。

七六七年，李勉任京兆尹兼御史大夫。當時宦官魚朝恩為觀軍容使，監管國子監，每到此視學，隨從數百。原來的京兆尹黎幹傾心候

事，動心求媚，每次都指使府中上下預備數百人的酒食，魚朝恩還是不甚滿意。李勉到任後，魚朝恩來國子監，府吏請示李勉，李勉命令具備主要禮節就行了，不允許過分招待。魚朝恩碰了個軟釘子，從此再也不到太學騷擾了。

當時官場貪汙受賄成風，為整飭吏治，李勉嚴刑峻法。他當開封府尉時，上任後立即張貼告示：「凡受賄者，須在天內自首，過日者舁櫬相見。」告示貼出後，有一個自恃有點背景的汙吏，在一次受賄後故意放出風來，讓李勉知道。過了期限後，他又滿不在乎，而且還讓人抬著棺材去見李勉。李勉在弄清真相後，說：「故意受賄枉法，罪加一等。」對方不以為然。李勉命令手下：「將他裝入棺材。」這時他才如夢方醒，但為時已晚，被扔進河裡。此後，那些手腳不乾淨的官員心驚肉跳，再也不敢貪贓枉法了。

觸類旁通

李勉少不愛財，雖然貧困，但堅守為人的準則，不在危難之時收取別人的財物。為官後，勵精圖治，以身作則，宣導廉潔、懲辦貪汙，對所謂有背景的人也毫不畏懼，整飭吏治。因為決心堅定、手段強硬，自己又做出榜樣，所以成效明顯。

吏治不修，是因為沒有人下決心去整飭，沒有人以身作則宣導良好的作風。君子愛財，取之有道，不收無義之財，做人、為官才能踏實。

【原來如此講典故】

不義之財

【解釋】以不正當的手段所獲取的錢財。

【出處】漢・劉向・古列女傳・母儀・齊田稷母：「不義之財，非吾有也；不孝之子，非吾子也。」

包拯擲硯

所謂清官，儘管沒有明確的定義，但最基本的標準是「清」，即個人生活清廉儉樸，為官清正廉明。當官的不貪汙、不受賄、不徇私枉法、潔身自好，就可以算清官了。如果要求高一點，還應包括剛正不阿、嫉惡如仇、不畏強暴、打擊貪官汙吏、為百姓申冤做主等條件，無論根據哪一種標準，北宋的包拯都能算作是清官，要不然他怎麼會成為老百姓心中「青天」的化身呢？

包拯是北宋廬州合肥人，宋仁宗天聖年間考中進士。回鄉事奉年邁的雙親直至過世之後，開始了他的官宦生涯，累遷監察御史，建議練兵選將、充實邊備；奉命出使契丹回來以後，歷任三司戶部判官，京東、陝西、河北路轉運使；入朝擔任三司戶部副使，請求朝廷准許解鹽通商買賣；改知諫院，多次論劾權幸大臣；授龍圖閣直學士、河北都轉運使，移知瀛、揚諸州，再召入朝，歷權知開封府、權御史中丞、三司使等職。嘉裕六年，任樞密副使，後來死於任上，諡號「孝肅」。包拯做官以斷獄英明剛直而著稱於世。知廬州時，執法不避親黨。在開封時，開官府正門，使訟者得以直至堂前自訴曲直，杜絕奸吏。立朝剛毅，貴戚、宦官為之斂手，京師有「關節不到，有閻羅包老」之語。

包拯曾經在端州為官三年，清正廉明，教民種田、開井、醫病，深受人民愛戴。當地出產端硯，端硯是名聞中外的文房之寶，被列為「四大名硯之首」，很多人都願意付出很大的代價只為得到一方端硯。而包拯身為文官，雖然整日與硯臺打交道，但從未想過利用職務之便為自己謀取一方端硯。包拯年輕的時候就作過一首詩告誡自己要廉潔，不要被一些身外俗物影響了心境，做出一些貽笑後世的事情。這首詩是這樣的：「清心為治本，直道是身謀。秀木終成棟，精鋼不作鉤。倉充鼠雀喜，草盡狐兔愁。史冊有遺訓，毋貽來者羞。」他以前代的賢士們為榜樣，清心處世，直道而行。

據說有一製作端硯的工匠，非常仰慕包拯，很想送給他一個端硯以示敬意，但包拯就是不收。後來包拯離任回開封府，石匠便找機會請其家人包興將端硯暗藏於船上俟機送給包拯，但船開至端州邊沿的羚羊峽

時，忽然烏天黑地，風雨大作，船無法往前行駛。包拯暗想：我在端州為官三年，難道做錯了事，天理不容？想來想去，終究想不出因由，便詢問家人。包興自知藏硯之事不妥，便一五一十的交代。包拯命包興馬上呈上端硯。該硯用黃布包著，他把黃布解開，果然品質極佳、造工精巧，他歎了一口氣，便說：「端硯雖然已經不能歸還其本人了，但也要歸還給端州的人民。」便把端硯連黃布一起擲入江中。頓時，雨過天晴，風平浪靜。後來，包拯擲硯的河面浮出一個擲硯洲，拋黃布的河面也形成黃布沙洲。現在擲硯洲上建有包公廟，讓端州人民世世代代紀念這位「包青天」。

觸類旁通

所謂「近水樓臺」，包拯就在四大名硯之首「端硯」的產地做官，這對那些試圖得到端硯的人來說是個很有誘惑力的職位。但包拯秉著少年時代就立下的志向，清心為本，直道而行，絕不做違背道德良心，更不用說違法的事情了。

面對仰慕之人固執的深情厚誼，包拯防不勝防，所幸蒼天有眼，成全了包拯的清譽。

當他站立船頭時，心中應該是充滿豪氣的，擲硯之舉向世人進一步宣告了他為官的廉潔，也再次堅定了他堅持操守的決心。

【原來如此講典故】

近水樓臺

【解釋】指因接近某些人或事物而得到優先方便獲利的機會。

【出處】清夜錄：宋范仲淹知杭州，官兵皆被薦，唯獨蘇麟適外任巡檢，未得與，乃獻詩曰：「近水樓臺先得月，向陽花木易為春。」

包河藕無絲

「狸貓換太子」的宮廷悲劇應該有許多人都有所耳聞，歷年來被改編成電影、電視劇、戲劇等藝術形式廣為流傳。基本情節都取自《宋史・李宸妃傳》，史載宋仁宗的生母李宸妃不敢認子。清代石玉昆編述的公案小說《三俠五義》中寫有這個故事，情節是：宋真宗無子，劉、李兩妃皆懷孕，劉妃為爭當皇后，與太監密謀，在李妃生子時，用一隻剝皮的狸貓將小孩換下來，而將真正的嬰兒送到劉妃處。因此，劉妃被封為后，這個嬰孩也被立為太子，而李妃因為生出怪物而被皇帝冷落。在她死之前，仁宗已經即位，劉妃也成為皇太后，受到尊崇，李宸妃一直都沒有敢認自己的親生兒子。

後來，仁宗對這件事情有所耳聞，引起了警覺，包拯就被捲進了這樁宮廷奇案的追蹤查詢之中。最後，在太監的幫助下，經過多方查證，幫仁宗找到了生母。仁宗悲痛，將死去的李宸妃追封為皇后、太后。

仁宗為了表達對包拯的感謝，要將半個廬州賜給他，包拯堅決不受，後來拗不過皇帝，就接受了城南的一段護城河。包拯立即告誡家人：「河，不能分，不能賣，只能種藕養魚。」從此，這條河就被稱為「包河」。一年大旱，田地龜裂，百姓餓得連樹皮草根都吃光了。包拯見此情景提筆告示：「河藕准吃不准賣，願者挖藕度荒年。」老百姓欣喜若狂，紛紛下河捕魚挖藕。令人稱奇的是，包河藕脆嫩無絲，包河鯽背呈黑色（鐵），人們聯想到包拯為官剛正，不畏權貴，敢於為民請命的風格，還有廉潔耿介的品性，於是「鐵面無私」一語不脛而走。當地至今還流傳著這個傳說，「包河藕無絲（私）」也成了一句口頭禪。

觸類旁通

包拯在「狸貓換太子」一案中為仁宗立下的功勞是最深入君心的，面對皇帝的豐厚賞賜，包拯堅辭不受。領了護城河之後，制止家人以它生財，反而用它敦促家人勞動，在災荒之年賑濟百姓，於是便有了「包河藕無絲（私）」的說法。

一些為官者為朝廷立下功勞之後，就翹起尾巴開始躺在功勞簿上吃飯睡覺，惟恐君主賞賜不夠，讓自己吃了虧。回去之後便開始耀武揚威，更想不到為民謀福。相比之

下，包拯要高尚許多。

【原來如此講典故】

鐵面無私

【解釋】公正嚴明，依理而行而不偏私。

【出處】紅樓夢：「我們陰間上下都是鐵面無私的，不比你們陽間瞻情顧意，有許多的關礙處。」

司馬光典地葬妻

司馬光，北宋陝州夏縣人，著名政治家、史學家、文學家，生於北宋真宗年間。他的父親司馬池，以「清廉仁厚聞於天下，號稱一時廉臣」。司馬光自小就生長在良好的家庭環境中，受到嚴格的教育，他自己也勤奮好學，經常手不釋卷，以致「於學無所不通」。司馬光自幼就表現出了不同尋常的聰穎，「司馬光砸缸」便是在我國流傳很廣、婦孺皆知的智慧故事。

司馬光後來先後擔任過武成軍簽書判官、大理評事、國子直講、館閣校勘、同知禮院、龍圖閣直學士、翰林學士和宰相等職，敢於直言進諫，廉潔奉公、剛正不阿，舉忠鋤奸、鞠躬盡瘁，頗得清正之聲。而且善於體察人民疾苦，為百姓解憂解難，在他當政期間，一旦發生饑荒，司馬光立即派公正官吏前往災區多方賑濟，以使饑民「安其生，樂其業，自生至死，莫有離散之苦」。司馬光對統治者花天酒地、揮霍無度，視人民血汗如糞土的行為十分憎恨，他極力主張節用，禁止一切過

分的俸給賜予，真正做到「不祿無功，不食無用」。這一切為他贏得了人民的愛戴，天下都認為他是真正的宰相，田夫野老都稱他為「司馬相公」。

司馬光對別人要求嚴格，對自己更甚，簡直可以說是苛刻了。雖然他高官厚祿一生，但對財物始終沒有什麼喜好，惡衣疏食的過了一輩子。任官近四十年，只在洛陽有薄田頃，就連妻子死的時候，都沒有錢埋葬，只好把田賣了購置了棺槨，這就是人們千古傳頌的「典地葬妻」的故事。司馬光官高勢顯，本來可以萬貫家私、富家天下的，但他卻選擇了自己的為官之道，正直無私、兩袖清風，除俸祿外，不謀取外財，就是俸祿，還經常拿出來周濟窮人。

司馬光還十分憎惡貪官受賄這樣的事情，即使是皇帝的賞賜也認為是非分之物，不應該接受。宋仁宗曾經下詔賜給臣下金錢百餘萬，金銀珠寶、絲綢絹帛無數，見錢眼開的庸俗之輩看到後樂不可支，總覺得無法滿足。但司馬光絲毫不為所動，先是上疏申明國家近年乃是多事之秋，民窮國困，內外窘迫，不應如此大規模地賞賜官員。沒有得到回應，司馬光對自己的力辭不受；當不接受也不行的時候，他便用所得的珠寶充為辦公經費，而金銀則周濟一些窮困的鄰居朋友。

司馬光曾因與王安石政見不合而被迫外居洛陽，當時他常與一些文人學士相聚，悠悠暢敘，清談朝政。每次聚會都以簡樸為原則，規定所用果子不能超過三種，菜肴不能超過五種，並名之為「真率會」。文潞公當時以太尉的職銜駐守洛陽，也想參加，但是司馬光認為他過於顯貴奢華，不予接納。有一天，文潞公探知司馬光等「真率會」成員又在一起暢飲，於是置辦了一桌盛大的酒席造訪，司馬光當即說他用俗氣玷汙了真率會，拒絕了他，弄得文潞公羞愧難當。

司馬光在洛陽的居所是一處茅簷草屋，十分簡陋，三九寒天，北風呼嘯，茅簷多為風吹去，室內寒氣襲人；盛夏又酷熱難當。司馬光無奈，只好在屋裡穿地丈餘，用磚砌成一個小房間，空地居住，聊以避暑。當司馬光年老體弱時，朋友劉賢良打算用五十萬錢為他買一個婢女使喚，他當即予以拒絕，說：「我幾十年來，吃飯都不敢經常吃肉，衣服也沒穿過絹帛的，怎敢用這麼多錢買一個女婢呢？」

司馬光不僅自己勤儉戒奢，還時時教育子孫應該節儉樸素，只有這

樣，才能做個正直的人，對他們影響很大。後來，他的兒子司馬康做官時也是「為人廉潔，口不言財」，堪稱一代廉仕。

觸類旁通

司馬光位居高官，再加上他的才智，要想富貴本是很容易的事情，但他視貪汙受賄如毒蛇，惟恐避之不及，而他剛好又生了一副好心腸，把偶爾得賜的財物都拿去周濟窮人，落得典地葬妻的淒涼境地，但他問心無愧，腰板挺直，經得起輿論和後人評說。據歷史記載，司馬光去世的時候，萬人空巷，都去為他送行；家家戶戶都有他的畫像，吃飯前必先向他祈禱。為官能夠得到此民心，也不枉勞累辛苦一世了。

【原來如此講典故】

無功不受祿

【解釋】沒有功勞便不接受賞賜。

【出處】劉向・說苑：「孔子見齊景公，景公致廩丘以為養，孔子辭不受，出為弟子曰：『吾聞君子當功以受祿。今說景公，景公未之行，而賜我廩丘，其不知丘亦甚矣！』」

不圖享受的岳飛

岳飛是南宋時候著名的抗金將領，精忠報國是他一生的目標，為國家立下了汗馬功勞，他的形象千年來已經深入人心，民間以各種形式流傳著許多關於他的傳說。作為這樣的英雄人物，他不僅有忠於國家、不怕犧牲的一面，還是廉潔自勵、不圖享受的模範。

每當岳飛立功，朝廷要褒獎、擢升他的時候，他總是說：「將士效力是本分，我有什麼功勞可言呢？」朝廷給他的賞賜，他都連同給全軍的犒賞一起，毫無保留的發給軍吏和士兵。對部下論功行賞的時候，總是公平無私，不隱沒任何人的功績。而對自己和自己兒子岳雲，則常常隱匿功勞，不求獎賞。收復襄陽六郡時，岳雲「功在第一」，岳飛卻隱匿不言。一年之後，有人上書朝廷，才知道事實的真相。

當時，貴族們都爭先恐後的買地，置辦家財，岳飛不但不買地，就連朝廷賜給的土地也堅決不受。那時，像岳飛這樣功勳卓著的官員，早就住上了富麗堂皇的大房子，可是岳飛仍然住原來的普通房子。高宗皇帝要為岳飛重新建房，岳飛也不同意，說：「現在敵人還沒有被消滅，怎麼能為自己家做這麼多打算呢？」

岳飛治軍非常嚴明，他告誡士兵，不准做一絲一毫侵擾老百姓的事情，就是凍死也不能拆老百姓的房屋，就是餓死也不能搶掠老百姓的東西。有一次，高宗皇帝召見岳飛，問過他這樣一個問題：「天下何時太平？」岳飛回答道：「文臣不愛錢，武臣不惜死，天下就太平了。」岳飛就是以這種不愛錢、不惜死的精神，盡忠報國，奮鬥了一生，贏得了眾人的口碑和世世代代的紀念。

觸類旁通

「文臣不愛錢，武臣不惜死」，是岳飛對天下的理想，廉潔和忠勇也是他的兩大基本品德。他一語道破了天下大治的根本標誌和努力方向，可謂英明。

作為屢立戰功、地位顯赫的國家棟樑，不但不居功自傲，反而努力收斂自己，甚至對兒子的戰功隱匿不報，無非就是想為國家多做貢獻而不講求享受，要求自己不為錢財分心，專心致志地殺敵報國。如果國家能多幾個這樣的人，南宋的政權也不至於始終

處於風雨飄搖之中。

【原來如此講典故】

論功行賞

【解釋】依據功績的大小，給與賞賜。亦作論功封賞、論功行封。

【出處】韓非子・八說：「計功而行賞，程能而授事。」

脫脫逮捕行賄者

脫脫年少喪父，母親一人把他養大。他自己也很爭氣，學習看書非常努力，稍微大一些之後，在元世祖身邊任衛士，經常受到教誨。他喜歡與儒士交談，每次聽到、看到善言善行，如獲至寶。

後來，脫脫隨著元世祖征伐，立下不朽功勳。元成宗即位之後，官至上都留守、通政院使。大德三年，因為江浙行省地大人眾，不是有名望的大臣不足以鎮之，朝廷在討論封疆大吏的人選。於是，任脫脫為榮祿大夫、江浙等處行中書省平章政事。他一到任，就告誡左右，不准干預公事。並對所屬官員說：「我的僕從如果有私自囑託你們什麼事情，千萬不要聽信。對你們來說，如果是涉及軍民的大事、有關利害的，必須告訴我。應該說而沒說的，是你們的責任；如果你們說了，我卻沒有聽進去，就是我的罪過了。」由於脫脫政令嚴肅，屬官都能恪盡職守。

當時，硃清、張瑄任參知政事，負責海運諸事宜。他們兩個人依恃

自己的勢力，多行不法，不擇手段地聚斂財富，一時之間成為當地巨富。因為害怕事發被查處，就派人以黃金五十兩、珠寶三囊賄賂脫脫，想請他庇護他們的罪惡。脫脫見到之後大怒，立即將他們逮捕，關進監獄裡，並派使者上報朝廷。然後立案徹底清查這兩個人貪贓枉法的行為，並把他們繩之以法。元成宗高興地對眾人說：「脫脫是我家老臣的子孫，志向果然與眾人不一樣。」

觸類旁通

黃金珠寶，人之所好，如遇貪者，求之不得，更何況送上門來的，必然喜笑顏開而納之。但是脫脫，不僅不接受，還將行賄者繩之以法。活該這些人遇到了他這樣的廉潔公正之人，多行不義必自斃。

假若脫脫的志向能夠普及，所有的黑暗交易將無處藏身，行政廉明的局面就指日可待了。

王翱退珠

王翱為人正直不屈，自奉儉約，在明景帝和英宗天順年間，長期擔任吏部尚書的要職。吏部尚書掌握著官吏選拔、考核的大權，非同一般。王翱深知官吏的好壞直接關係到國計民生，因此辦事極為認真負責，按照官員的才幹和品德嚴格進行選拔和考核，從不濫用手中的權力，也不憑藉手中的權力為自己謀利。

王翱任吏部尚書的時候已經七十上下了，他有個女婿名叫賈傑，在離京城不太遠的地方任職。王翱的夫人因為年紀大了，非常想念身居外地的女兒，所以經常把女兒接回北京住些日子，一年中能有好幾次。賈傑一直想到北京當官，可是他看這個岳父卻一直沒有幫忙的表示，見到自己的妻子老往娘家跑，就不滿的說：「你父親主管官員的考核調動，把我調到京城易如反掌，這樣你就可以和母親經常見面了，何必像現在這樣頻繁的兩頭跑？」王翱的女兒進京的時候把這話跟母親講了。這話正合王夫人的心意，她早就盼著女兒、女婿能夠待在自己身邊，就找了

個機會對丈夫說了，希望他能通融一下，把女婿調到京師。王翱一聽大怒，氣得把飯桌都掀翻了，還碰傷了夫人的臉。王夫人一看他氣成這樣，再也沒敢提女婿調轉這件事，賈傑夫婦因此一直待在外地。

王翱任吏部尚書前，曾以都御史的官銜提督遼東軍務。在他任職期滿即將回京時，一位和他同在遼東任職的宦官出於對他的敬仰，送給他幾顆大明珠。那時官場中行賄貪汙成風，王翱卻堅決拒收這些禮物。那位宦官說：「這幾顆珠子是先朝皇帝賜給我的，送您只是做個紀念，沒有任何別的意思，您可千萬別以為我是在行賄啊！這些珠子可不是贓物，所以您也不必拒絕我了。」王翱見對方已經把話說到這份上了，只好收下了這幾顆珠子，並好好存放了起來。不久，那位宦官死了，王翱把他侄子請來，將這些明珠退了回去。

觸類旁通

王翱身居高位，卻不利用職位之便為自己家人辦事，相比他，現在那些想盡辦法為己謀利的人應該汗顏。雖然王翱拒絕夫人、女婿的行為顯得有些不近人情，但這就是原則，這就是公正。

面對名貴珍珠的誘惑，本來他可以隨著當時受賄成風的時代條件，心安理得地收下，但是他堅決拒絕，直到別人把話説到無法拒絕的份上，他才決定幫人家臨時保管，不得不讓人讚歎。其實，珍珠就是試金石，古往今來，有多少人能通過這關呢？

【原來如此講典故】

擺袖卻金

【解釋】比喻為人廉潔，不接受賄賂。

【出處】韓愈・順宗實錄：「執誼為翰林學士，受財為人求科第，夏卿不就應乃探囊中金以內夏卿袖，夏卿……擺袖引身而去。」

于謙鎖寶

于謙是我國明朝著名的詩人，愛國將領，民族英雄，傑出的政治家，軍事家，為官清正廉潔，貢獻頗多，尤其是在土木堡之變中立下大功，但卻遭人嫉妒，被誣陷而死。抄家時，竟然「家無餘資」，抄家者見到正屋緊鎖，以為一定藏有大量的金銀財寶和貪贓之物，打開一看，原來都是皇帝賞賜的物品，絲毫未動。

于謙是浙江錢塘人，從小受到良好的家庭教育，聰明好學，被時人稱為「神童」。通過科舉考試之後，開始走上政治生涯，開始任山西道御史，後來升為兵部右侍郎，兼巡撫河南、陝西都御史，任期長達十九年。土木堡之變後，他任兵部尚書，主持軍事，在國家危難之際，成為「救時宰相」。此後一直主持朝政，天順元年，「奪門之變」後被害。

于謙自從踏上仕途，心中波瀾起伏，決心效法前世豪傑，做一名廉官能吏，為國家做出一番事業，為人民謀福利。他在地方任職二十多年期間，體察人民疾苦，懲治貪官汙吏，鎮壓豪強，民間有冤情可以直達軍門陳述，他必認真對待，依法處置。因此，河南、山西兩地人民稱他為「于青天」、「于龍圖」。

于謙認為名節是最可貴的，金錢使人敗壞；因此「大節還須咬菜根」，要清心寡欲，生活簡樸。他的一生正是這樣一絲不苟地要求自己，即使身居高位，也從未放縱絲毫。于謙被任命為右侍郎兼巡撫河南、山西都御史時，年僅三十三歲。這一職務是正三品，在當時很顯貴，但于謙仍不改其樸素儉約的本色。他上任時，行李簡單，乘坐普通的騾車，既無鑼鼓旗仗，又無衛兵儀從，不知情況的人根本不會想到他就是巡撫大人。上任後，無論是明察還是暗訪，皆輕騎而行，摒棄前呼後擁、顯赫威勢的官場習氣。于謙把錢財看得輕如鴻毛，從不聚斂，廉潔自守。他的俸祿用在自己身上的極少，常常用來救濟貧窮的親朋。平時他自奉儉約，衣不錦繡、食不兼味，從不鋪張浪費。

當時官場十分腐敗，賄賂公行。太監王振專權，大臣進京必須先饋送重金禮品，否則後果不堪設想。然而于謙一身正氣，對王振一伙嗤之以鼻，從不買他們的帳。他每次進京，只帶隨身行裝，有好心人怕他遭

殃，勸他說：「你不帶金銀入京，怎麼也不帶點土特產送一送啊？」他舉起袖子笑笑說：「誰說我沒有帶東西呢？你看，這不是兩袖清風嗎！」炙手可熱的王振一夥當然不會放過他的，找藉口把他投入監獄三個月，後來才在河南、山西百姓的強烈抗議下釋放他。

于謙執政，日理萬機，「日夜分國憂，不問家產」，所居的房子僅能遮蔽風雨，門前沒有列戟，常常被人錯認為鄉野人家，與他的地位極不相稱。景帝見他家居簡陋，欲賜給他一所宅第，他堅決推辭。景帝不允，他不得已才接受，但他把皇帝賜給的玉璽物品等存放於正屋中，而他仍舊住在舊屋偏室。

觸類旁通

于謙青少年時作的〈石灰吟〉表明了他一生為官的原則：不與世同流合汙，堅持自己的理想，清廉剛正，為國為民鞠躬盡瘁，死而後已。然而，歷史有時會讓人失望，于謙最後竟落得無辜被殺、被抄家的下場。

要堅持自己的理想，留得清白之名，是要有意志、有骨氣、有作為，守得住寂寞清貧的。為官者如果能營造一種讓有志者得以舒展，讓無能奸邪之輩無處可逃的環境，於國於民就有希望了。

【原來如此講典故】

兩袖清風

【解釋】衣袖中只有清風，別無所有。比喻做官廉潔，也比喻窮得一無所有。

【出處】陳基・次韻吳江道中詩：「兩袖清風身欲飄，杖藜隨月步長橋。」

張伯行的廉政檄文

張伯行，河南儀封人。被康熙帝稱為「天下第一清官」，為官清正廉潔，政績斐然。在福建和江蘇巡撫任內，總攬兩省軍事、吏治、刑獄、經濟，可謂位高權重。其間，僚屬門生等，多有攜禮拜謁者，自然都有私事請託，他或婉言辭謝，或嚴詞拒賄。雖然如此，送禮者仍不乏其人。

為了杜絕接踵而來的送禮者，張伯行特地寫了言簡意賅的〈禁止饋送檄〉一文，張貼在居所院門上及巡撫衙門外。文曰：「一線一粒，我之名節；一釐一毫，民之膏脂。寬一分，民受賜不止一分；取一文，我為人不值一文。誰云交際之常，廉恥實傷。倘非不義之財，此物何來？」送禮者觀之，或良心發現，或自慚形穢，皆悄然離去。於是，這篇檄文便不脛而走，廣為傳誦，被人們譽為為政清廉的「金繩鐵矩」。

張伯行在福建巡撫任上為民做了很多好事，最主要的就是買糧撫民。在他任職期間，百姓沒有因災荒和飢餓而背井離鄉。

康熙四十八年，張伯行奉旨調任江蘇巡撫，福建的百姓痛哭相送，如失青天。赴任後，張伯行立即發佈檄文禁止饋送，嚴禁下屬饋送錢物，以整頓當時日益盛行的貪腐之風。平常公務也杜絕禮品，不受一分一毫。有的州縣官吏為了考科成績，以利升遷，就不顧百姓困苦，任意加重賦稅，百姓不堪忍受。張伯行果斷地廢除了許多的苛捐雜稅。

在康熙五十年，江蘇鄉試發生了作弊案，副主考趙晉內外勾結串通，收受賄賂，大肆舞弊，放榜時，蘇州士子大譁。康熙皇帝命令張伯行、噶禮同戶部尚書張鵬翮、安徽巡撫梁世勳會審此案。由於牽涉到噶禮受賄銀五十萬兩，案子錯綜複雜，審理了一個多月竟然沒有任何結果。張伯行憤而上奏彈劾噶禮。噶禮就買通官吏，得到張伯行彈劾奏稿，再捏造事實反過來誣告張伯行。主審官畏懼噶禮的權勢，逢迎巴結，導致案情無法審結。康熙無奈中只得下令：張伯行與噶禮解任，再命主審官審理。

揚州百姓聽到消息後罷市抗議，哭聲震動了揚州城。第二天，揚州

百姓湧到會館，因為平時就知道張伯行清廉不貪，肯定不會接受禮物，便以水果蔬菜相送。張伯行依然婉言拒絕，百姓們哭道：「公在任，止飲江南一杯水；今將去，無卻子民一點心！（不要推託百姓的一點心意）」萬不得已，張伯行才收下一把青菜。受審結束，回來聽候結果的路上又路過揚州，百姓們為防有什麼不測，竟有數萬人聚集江岸護送。

到最後，案子結果下來，竟然是噶禮免議，張伯行革職治罪。康熙皇帝痛斥大臣們顛倒是非，然後親降聖旨：張伯行留任，噶禮革職。消息傳出，江蘇官民額手稱慶，紛紛寫下紅幅貼在門旁：「天子聖明，還我天下第一清官。」更有上萬人進京，到了暢春園跪謝皇恩，上疏表示願每人都減一歲，以便讓聖上活到萬萬歲。福建百姓也奔相走告，在供奉的張伯行像前焚香祈禱，可見張伯行受人民愛戴之深。

在康熙五十四年，有人以「狂妄自矜」的莫須有的罪名彈劾張伯行，但康熙皇帝還是認為他無罪可治，留任南書房行走；康熙五十九年又任戶部右侍郎。康熙六十一年，張伯行奉旨赴千叟宴，康熙皇帝稱讚他是「真能以百姓為心者」。

雍正皇帝即位後，對張伯行也十分敬重，軍國大事都聽從他的建議。雍正元年，即一七二三年的九月，升張伯行為禮部尚書；兩年後，一代清官張伯行不幸病逝，享年七十五歲。皇帝賜諡號「清恪」，意思是為官清廉，恪勤職守，精確地概括了張伯行的一生。

觸類旁通

張伯行為官做人清廉耿直，他在居所和官衙門上貼上廉正檄文，更是表明了不收受賄賂、廉潔奉公的嚴肅態度，對那些蠅營狗苟之徒免去了許多解釋、斥責的口舌之勞。清官大抵都是不為上司所喜歡的，張伯行也不例外，所以他雖然很得民心，但仍然屢遭彈劾，幸虧康熙帝對他抱有最徹底的信任，他才躲過了一次又一次的劫難，得以繼續為國為民殫精竭慮，看來英明的領導者也是下屬廉明的一個保證。

病死廟中的巡撫岳起

岳起，滿洲鑲白旗人。乾隆三十六年考中舉人，經保舉授為筆帖式，連續擢升為戶部員外郎、翰林院侍講學士、詹事府少詹事。

乾隆五十六年，岳起升任奉天府尹。前任府尹貪得無厭，岳起到任後，將房屋、器物全部洗刷一遍，說：「不要沾染那種汙跡！」過了一年，岳起被擢升為內閣學士；不久，被派出任江西布政使，盡心於民事。正遇上水災，出行查勘圩堤，落入水中而患病。皇帝下詔嘉獎他勤政，允許卸任養病。

嘉慶四年，朝廷起用岳起為山東布政使；不久，擢升為江蘇巡撫。岳起廉潔正直，所用僮僕僅幾人，外出時不要前後侍從的騎卒。他禁止歌姬舞女遊船賣唱，無事不許宴請賓客、演劇，蘇州奢侈的風俗為之一變。曾上疏陳述漕運的弊端，大致是說：「京城漕運一項積習相傳，有些人專門營私舞弊。至於米數的盈虧、米色的純雜，竟然置之不問。旗丁運糧，無處不以米作為挾制，也就造成無處不以賄賂換來通融。追究其原因，沿途的刁難，在於旗丁有幫費；而旗丁能夠索取幫費，在於州縣有超過額定的徵收。革除弊端應當斷絕它的根源，而嚴禁多徵，這是斷絕弊端根源的根本。請命令有漕運任務的各省，列出條款逐項指明以往的弊端，嚴行禁革，使旗丁及漕運倉場，沒辦法再有奢望、抱有僥倖的心理。」皇帝下詔嘉獎他實心革除積弊，完全按照他的建議行事。

八年，岳起入京朝見皇上，因病留在京城，代理禮部侍郎。正趕上孝淑皇后安葬於陵墓，因為奏摺裡措辭不妥，被革職留任。不久，免去代理的禮部侍郎，隨即病故。皇帝深切地惋惜，贈太子少保銜，按原職給予賞賜和撫恤。

岳起沒有兒子。他的家產僅有房屋四間，田七十六畝。岳起到京城後，沒有官邸居住，病死於寺廟之中，妻子始終以紡織為生。按照以往慣例，八旗人員去世後沒有繼承人的，其財產歸公。皇上知曉他家的情況後，憐憫岳起家境清貧，將這點財產留下贍養他的妻子，如果妻子死了，便作為官府代管產業，用來作為祭掃、修整墳墓的費用。這在當時算是特殊的待遇了。

觸類旁通

上任即洗刷房屋和器物，表示與前任的貪婪作風徹底決裂，顯示了岳起廉潔奉公的決心。在後來的各個任職上，岳起都不畏艱險，對貪贓枉法的事情追究到底，革除弊政，為民著想，蘇州的百姓十分懷念他，稱他為「岳青天」。

可憐岳起因為一句話說得不合時宜，被免去官職，本來清貧，此來更是雪上加霜，竟至病死廟中。好在朝廷理解他的貢獻，給予特殊照顧，否則妻子將無以為生。為官廉潔至此，不愧其「青天」之稱。

【原來如此講典故】

風清弊絕

【解釋】弊端絕除，風氣良好。形容政風清明。亦作弊絕風清。

【出處】周敦頤・拙賦：「天下拙刑政徹，上安下順，風清弊絕。」

宰相劉羅鍋

劉墉在民間無疑是個非常具有知名度的人物，他為官剛直不阿、不畏權勢；鐵齒銅牙、秉公執法；披肝瀝膽、整肅吏治；鬥智鬥勇、反腐倡廉。他體恤百姓、清正廉潔、為民請命的諸多故事，廣為民間流傳。

早在他在世的嘉慶初年，民間已經開始以多種文學體裁來歌頌他平反冤獄、除暴安良的事跡。當時流傳在保定等地的彈詞《劉公案》，就是歌頌他在任江寧知府和都察院左都御史期間的事跡的，之後又有關於劉墉事跡的多種民間傳說流行。近年來，隨著電視連續劇《宰相劉羅鍋》的播出，聰明機智、正直勇敢、滑稽幽默的劉羅鍋形象，再次在人們心目中留下了深刻的印象。

劉墉是清代乾、嘉年間著名的政治家、書法家和詩人，祖籍山東青州諸城。父親是劉統勳，雍正年間為進士，乾隆年間曾任東閣大學士兼軍機大臣。從劉墉一生來看，劉墉首先應該是一個忠於職守的清官。在任地方官的二十餘年裡，他身體力行的實踐了親民之官守土安民、貫徹朝廷政令的職責，保持著潔己率屬、竭盡職守、厲行實政的作風。進入朝廷之後，劉墉仍保持了正直清廉的作風。

乾隆中期以後，隨著商品經濟的發展、封建政治的全面腐敗，大小官吏無不以積聚財貨為務，賄賂公行，州縣有所求就有所饋送，往往以缺分之繁簡，分賄賂之等差。侵蝕之風「一縣如此，一省皆然；一省如此，天下皆然。於是大縣有虧空至十餘萬者，一遇奏銷，橫徵暴斂、挪新掩舊，老百姓不堪盤剝，怨聲載道。」更有打著賑災的旗號貪汙公款的惡劣做法，僅乾隆四十六年甘肅冒賑侵貪二萬兩的大員就有二十二人之多。高官貪汙之普遍，使得乾隆帝也感到十分悲哀。

而劉墉多次主持鄉會試和國子監事務，任吏部尚書多年，卻能廉潔自持，布衣蔬食，安之若素。乾隆五十三年九月，御史祝德麟彈劾司業黃壽齡受賄一摺就稱：「國子監考試惟劉墉、鄒炳泰兩人清介素著，諸生不敢向其饋送營求。」劉墉位極人臣，卻家無餘財，親友千里修書向其借債，他卻回信只能說抱歉；家裡的房子需要修繕，竟也拿不出銀兩。嘉慶九年七月，劉墉奉命前往江蘇為母親祝壽時，儘管貴為大學士，卻仍是殘衣破靴的打扮，人們啞然失笑的同時，也都十分佩服他的為人。

正是他這種廉潔正直的作風，與當時極端腐敗的社會政治現實形成的鮮明對比，使他贏得了渴望清明政治的老百姓的衷心愛戴，人民以各種方式來歌頌他的有關事跡，在他活著時即已流行的彈詞《劉公案》就是其中的一種。清代許多有關傳說的出現，也是這個原因。

觸類旁通

劉墉在當時政治腐敗、官僚隊伍普遍存在貪汙腐化的大背景下，卻能保持乃祖、乃父的廉潔樸素的家風，是非常難能可貴的。他的形象事跡數百年來之所以能夠深入人心，被創編為各種體裁廣為流傳，與他為官、為人的風格分不開的，反映了老百姓對於政治清明的渴望。

「劉羅鍋」是百姓根據他的身體特徵取的暱稱，沒有絲毫嘲笑的意味，而是真正把他看成父母官，看成能為自己做主的靠山，在人民心中他是巨人！

把行賄者公之於眾

政事堂裡，文武官員整整齊齊地排列著。清朝宰相劉統勳坐在前面，滿臉怒氣，久久沒有開口。「宰相為何如此發怒呢？」文武官員們心裡忐忑不安。

宰相終於開口了，他點了一個用錢買官的「資郎」的大名，大聲喝斥說：「半夜三更叫門，並非正當人的行為！」底下文武官員莫名其妙，這到底是怎麼回事呢？原來，這個「資郎」為了討好宰相，前一天晚上趁著夜深人靜，給宰相家裡送去了厚禮。劉統勳非常生氣，拒而未見。

第二天一早，劉統勳決定公開這件事，當眾揭露了這個人，同時也警告一下其他想送禮的人。劉統勳在教訓了他一番後，又大聲說：「明人不做暗事，今後有什麼要說的話，要當著眾人說明白；對我有什麼不滿意的地方，也可以當眾提出來，不許偷偷摸摸到我家中搞名堂。」眾人聽了，紛紛點頭稱是。

劉統勳是山東諸城人，雍正時期的進士，乾隆時累官至東閣大學士兼軍機大臣，與劉綸同為高宗所倚重。曾多次察看黃河、運河河工，又充《四庫全書》正總裁、四任會試正考官。一生為官清廉，公正處事，輿情很是認同。

在他為官前，家裡原有農田數十畝、茅舍一處，為官五十年，未增尺寸。去世的時候，乾隆皇帝悲痛異常，當日親臨祭奠，晉贈太傅銜，賜祭葬，入祀賢良祠，追謚文正。靈柩歸故里之前，詔令沿途二十里以內的文武官員，均至靈前弔祭。

觸類旁通

半夜登門，一定有不可公之於世的企圖，宰相劉統勳知道送禮者的意圖，心中十分惱火，要知清廉之士平時最厭惡的就是這些行賄之徒。於是，偏要將這不可公佈的事情公開講出去，給對方一個深刻的教訓，也達到「殺一儆百」的效果。

要煞貪賄之風有許多種方式，劉統勳採取了最強硬的一種，讓人拍手稱快，效果也最明顯。如果碰到這種公然用錢買官的人，就應該毫不留情地堵回去，還可以拿他作為教材警示後來者。

名士之廉

第五倫鋤草養馬

第五倫，京兆長陵人。東漢光武帝年間被舉為孝廉，補任淮陽國的醫工長，隨同淮陽王到他的封國。建武二十九年，隨從淮陽王至京城，與其他官屬一同被接見，光武帝向他詢問政事，第五倫趁機對奏為政之道，光武帝非常高興。第二天又特地召見他入宮，和他一直談到天黑。

光武帝和第五倫開玩笑說：「聽說愛卿曾毆打岳父、不讓兄長和你一起吃飯，有這種事嗎？」第五倫回答說：「臣三次娶妻都沒有父親，毆打岳父是不可能的。少年時曾遭饑荒之苦，實在不敢隨便請人吃飯。」光武帝大笑。第五倫出京，有詔令任命他為扶夷縣長，還沒有到任，又追任為會稽太守。他雖然身為兩千石一級的官員，仍然親自鋤草餵馬，妻子下炊做飯。所得到的俸祿，也只留下一個月的口糧，其餘的都低價賣給貧苦百姓。會稽地區風俗，多濫設祀廟，喜歡占卜。民眾常常殺牛祭神，百姓的財產因此困乏，那些自己食用牛肉而祭祀的人，發病將死時，先做出牛鳴。先後幾任郡長官都不敢禁止殺牛祭祀的做法。第五倫到任以後，給各屬縣發佈文書，曉諭百姓，凡是巫祝有依托鬼神以詐術恐嚇愚昧百姓者，都要捉拿問罪。胡亂殺牛的人，官吏都必須給予處罰。開始時民眾都很恐懼，有的巫祝胡言亂語地加以詛咒，第五倫卻追查得更緊，以後便逐漸絕滅了，百姓得以安定。永平五年，第五倫因觸犯法令被徵召，郡中的老少百姓攀住他的車子，拉著馬，啼哭著跟隨，每天只能走幾里路，無法趕路。第五倫於是假裝住在亭舍裡，卻暗中乘船離去了。眾人知道後，又前來追趕。及至被送到延尉，官民到京城上書為他求情的有千餘人。後來因緣際會，第五倫得以免罪，放歸田裡。他親自下田耕種，不與官宦來往。數年之後，又被起用。

第五倫一心奉公，盡守節操，上書論說政事從不違心阿附。他的兒子們經常勸他不要這樣，他都予以訓斥；吏員們上奏及直接上奏之事，他都封好上報。他天性質樸憨厚，沒有文采雕飾，任職以貞潔清白著稱，當時的人把他比作前代的貢禹。有人問第五倫說：「您有私心嗎？」他直爽的回答道：「先前有人送我一匹千里馬，我雖未接受，每次三公選拔舉薦官員時，雖然始終沒有任用此人，但我心裡也一直無法

忘記此事。我哥哥的兒子常常生病，我一天前去看望十次，回來後卻安然入睡；我的兒子生病，雖然沒去看望，卻整夜難眠。這樣看來，怎麼可以說沒有私心呢？」

後來，第五倫以身老體病上疏請求辭職。元和三年，皇帝批准了他的請求。此後數年去世，享年八十餘歲，詔令賜給安葬的祕器、衣衾和錢布。

觸類旁通

第五倫年少即耿介好義氣，行伍出身，為人豪爽實誠，身為兩千石一級的官員，仍然親自鍘草餵馬，妻子下炊做飯，此等清廉實在少見。當別人問起他有沒有私心時，他舉例說明是有的。第五倫承認有私心正表明了他的坦誠，實際上卻沒有做過有損國家、有損別人的事，這比那些道貌岸然，口口聲聲廉潔奉公，實際上卻貪贓枉法的虛偽無恥之徒要高尚百倍千倍。

羊續懸魚拒賄

羊續是東漢後期人，其祖輩皆有功於朝廷，羊續成年以後，也因立下戰功而由郎官遷升南陽太守。南陽是光武帝劉秀的老家，這裡氣候宜人、土地肥沃，當地人民豐衣足食，安居樂業。但在郡縣權豪的影響下，民風奢華，行賄、受賄這些事情愈演愈烈。

羊續到任以後，明示郡縣衙門和部下，要扶正南陽的民風，首先就要從郡衙、縣衙的官吏做起，從自己做起。他下決心要以自己的實際行動感召部下和民眾。

有一個府丞最善於鑽營，他根本不相信天下會有不吃賄賂的官。羊續到任不久，他便提了一條新鮮的大鯉魚親自送到羊續府中，一見面就笑嘻嘻地解釋說：「卑職聽說大人最喜歡吃河鮮，今日特地弄來了一條新鮮的獻給大人下酒。」並一再表明，這並非送禮行賄，而只是作為同僚之誼，讓初到南陽的人嚐嚐鮮。這番話講得似乎十分盡情理，可是羊

續還是再三表示：「府丞的情意深重，我非常感動，一番美意我心領了，但魚還是不能收下，因為本人有言在先，豈能自食其言？」

不管羊續怎麼推託，這位府丞就是不肯把魚拿回去，實在讓人為難，羊續心裡叫苦不迭。但是轉念一想，要煞住這股歪風，何不抓住這條魚大做文章呢？於是就收下了。府丞見到羊續最終收下了這條大鯉魚，更證實了自己的見解，也暗自為自己巴結太守初舉成功而高興。

幾天之後，這件事傳遍了整個南陽城，一些不軌之徒早有心巴結太守，聽到這個消息都紛紛上門。有一天，幾個官員各自提了幾大簍鮮魚登門拜訪太守羊續，羊續一見，大聲笑道：「諸公送來這麼多鮮魚，我如何能享受得了呢？」官員們連忙賠著笑說：「大人有口福，慢慢享受。」

羊續早就明白這些人的用意，見時機已到，他便說道：「諸公大概以為我前幾日留下了府丞送的魚，一定也是個貪婪之輩，諸公不妨抬頭看看。」

幾位官員感到莫名其妙，順著羊續指的方向望去，只見廳堂的樑柱上懸著一條已經乾枯的大鯉魚。大家面面相覷，無言以對。羊續臉色肅然地說：「這就是府丞前幾天送來的行賄之物，我把它懸於堂中，就是要警告那些行賄的人，大家總不會希望我把你們送的魚掛滿整個廳堂吧？」

官員們見到這種情景，都滿臉羞慚，有的甚至出汗了，只好訕訕地提著自己的魚離開了。這件事又是不脛而走，正直的官吏和百姓都交口稱讚，從此以後再也沒有人敢送禮給羊續了，南陽的送禮之風也在一定程度上得到了遏制。

觸類旁通

送一條新鮮的河魚並不是什麼了不得的行賄，但是羊續也不肯接受，堅持自己立下的規矩，因為風氣是漸漸養成的，要遏制這股歪風必須防微杜漸。羊續的高明之處就是能即時抓住這個機會，向廣大官員和百姓表明自己的決心，並以自己的行為感召別人，這個被民間封為「懸魚太守」的羊續，不但清廉而且智慧。

蘇瓊公堂懸瓜

蘇瓊是南北朝時北齊人，幼年隨父戍邊，他聰明好學，年少時就顯示出超人的才能。

有一次，父親帶他去拜見東荊州刺史曹芝。曹芝見蘇瓊聰明可愛，心中非常喜歡他，便跟他開玩笑說：「你想當官嗎？如果有這個打算，我可以提拔你。」蘇瓊立即回答說：「大人應該依據官職的需要而選拔人才，而不應該因人的要求而設官。」曹芝聽了很驚訝，想不到蘇瓊年紀雖小，卻對為官之道有如此精闢的見解，就把他留在府上任長流參軍。

過了幾年，蘇瓊被朝廷任命為南清河郡太守。那個地方因為地方官貪贓枉法、收受賄賂，世風不正，盜賊如毛，作奸犯科的人只要花些錢疏通便可以逍遙法外。蘇瓊到任後，整頓吏治、懲治貪官，明確宣佈不收受任何人的財物。

郡中有一位告老還鄉的官員名叫趙潁，曾任過郡太守，已經八十多歲了，在地方上很有名望。他目睹了前幾任太守的惡行，對蘇瓊能夠守正自愛、恥於斂財，心中很有疑慮，便想試探他一下。南清河郡是盛產西瓜的地方，五月來臨了，趙潁從自家瓜園裡的西瓜中，挑了一個最大的親自送到蘇瓊的府中，對蘇瓊說：「老夫賦閒在家，以侍弄瓜園為樂，今日新瓜開園，特送上一個請大人品嚐。」蘇瓊很謙恭的說：「謝謝趙老先生的厚愛，您的心意我領了，只是這瓜還請您帶回去吧。」趙潁立即說：「大人太見外了！我知道大人清名在身，不受人財物，只獻上西瓜一個請大人品嚐，想大人您不會以行賄罪處罰我吧？」說完，就自顧自地離去了。

趙潁走後，蘇瓊就命屬下把他送來的瓜懸掛在公堂的屋樑上。郡裡的人聽說蘇瓊收了趙潁送的瓜，都認為蘇瓊是個口是心非的偽君子。那些想與蘇瓊拉關係而又不敢送禮的人心裡也有了數，便帶著禮物來到蘇瓊府中。蘇瓊的家人把他們帶到屋樑下，這些人看到趙潁送的瓜竟然被懸在公堂之上，便明白了蘇瓊果然是個清廉之人，都滿臉愧色的退出去了。

觸類旁通

為官者可以用多種方式向別人表示自己的廉潔，對於卻之不恭的小禮物不妨留下作為教材，藉別人的東西輕輕鬆鬆地表明了自己的態度，不失為一種聰明之舉。所以，要施行廉政，不妨多動腦子，花很低的成本，又不與周圍的人造成一種劍拔弩張的局勢，達到既和諧又不失廉明的狀態。

明鏡照心

馮履廉是唐朝前期出名的才子，年少時就聰明好學，七歲就讀書破萬卷，九歲就能寫出一手漂亮的文章來。

由於馮履廉才幹卓著、人品極佳，口碑很好，被朝廷任命為管城縣縣尉。後來因為為病逝的母親守喪，轉任河北縣尉。馮履廉有位老部下叫張懷道，官任河陽尉。他聽說馮履廉到河北任職，就託人捎信一封，感謝他昔日的提攜之恩，並附上一面精美的銅鏡。

馮履廉收到後，把縣衙上下的官吏全部召集起來，將銅鏡展示給大家。大家都誇這面銅鏡做工精美，實在珍貴，但是都不明白縣尉準備做什麼。馮履廉神色凝重地對縣吏們說：「這是我過去一個老部下送給我的，按照章程，我不追究此事。但是，我居官任職，有俸祿為生，怎麼能私自接受別人的禮物呢？」大家面面相覷，覺得縣尉也未免太固執了。馮履廉接著說：「清水見底，明鏡照心。我任縣尉，若貪汙受賄，

天理難容！」當即派人把銅鏡歸還給了原主。

馮履廉果然遵守了他的誓言，一生為官清廉，從來沒有收受賄賂，還以實際行動將這股清廉之風帶到所到之處。

觸類旁通

「清水見底，明鏡照心」。有人送馮履廉以銅鏡，他就趁機拿這面銅鏡做教材，既表明了自己廉潔奉公的決心，也號召大家不要貪贓枉法，盤剝百姓，欺騙朝廷。如果為官者能夠做到連一面銅鏡也不接受的話，必能以實際行動彰顯自己的高風亮節，也能帶動身邊的人，從而形成良好的風氣。

白居易怒打行賄人

很多人都知道白居易是我國唐代偉大的現實主義詩人，他的詩歌語言通俗易懂，敢於針對當權者的弊政，反映人民疾苦，深刻地揭露社會矛盾。白居易作為詩人，是一個時時刻刻把人民疾苦放在心上的詩人，而他做官也是公正廉潔，為百姓的幸福不辭勞苦，很受黎民百姓的愛戴。

貞元十六年，白居易考中進士後，先被派往陝西周至當縣令。他剛上任，城西的趙鄉紳和李財主就為爭奪一塊地跑到縣衙打官司。為了能打贏官司，趙鄉紳差人買了一條大鯉魚，在魚肚中塞滿銀子送到縣衙；而李財主則命長工從田裡挑了個大西瓜，掏出瓜瓤，也塞滿銀子送了來。收到兩份「重禮」後，白居易便吩咐手下貼出告示，宣佈明天公開審案。

第二天，縣衙門外擠滿了看熱鬧的百姓。白居易升堂後問道：「你

們哪個先講？」趙鄉紳搶著說：「大人，我的理（鯉）長，我先講。」李財主也不甘示弱說：「我的理（瓜）大，該我先講。」白居易沉下臉說：「什麼理長理大？成何體統！」趙鄉紳以為縣太爺忘了自己送的禮，連忙說：「大人息怒，小人是個愚（魚）民啊！」白居易微微一笑說：「本官耳聰目明，用不著你們旁敲側擊，更不喜歡有人暗通關節。來人，把賄賂之物取來示眾！」

衙役取來鯉魚和西瓜，當眾抖出銀子，聽審者一片譁然。白居易厲聲喝道：「大膽刁民，膽敢公然賄賂本官，按大唐律法各打四十大板！」趙鄉紳和李財主嚇得癱倒在地，衙役把他們拖到一邊狠狠地打了起來，眾百姓無不拍手稱快。

杖刑完畢，白居易斥道：「周至縣就是被你們這些不法之徒攪得烏煙瘴氣！今日責打，就是要你們日後奉公守法，老實做人。至於這些行賄的銀子，我看就用來救濟貧苦百姓吧！」兩個行賄的人看到新上任的縣令如此廉明，剛挨完打，也不敢說什麼。

觸類旁通

白居易苦讀多年，終於考中進士，走馬上任周至縣令。剛到任就見識了做官的好處，但他不為所動，不把此事作為自己多年汗水的回報，而是毫不留情的將兩個地方財紳劣徒行賄的醜行公之於眾，按律對他們施以刑罰，並把財物分給貧苦百姓，大得民心。

有的官員把自己有朝一日跨出平民的隊伍步入仕途看成是「多年媳婦熬成婆」，上任之後抓住一切機會來補償自己所付出的代價，比如受賄，比如貪污公款等，遇到這樣的「父母官」，老百姓們註定難逃一劫。

裴寬埋肉得妻

唐代裴寬曾做潤州參軍。當時潤州刺史韋詵，為女兒選擇夫婿，看了許多人都覺得不如意，心中很是鬱悶。

一個休息日，韋詵登樓遠望，忽然看見一個人在花園中埋東西，就去打聽這個人是誰。有人告訴他：「這就是裴參軍，非常仁義清廉，從不願接受賄賂，害怕玷汙了家門。剛剛有人饋贈給他一塊鹿肉乾，交給他就走了，他不敢自欺，所以就將那東西埋掉。」韋詵十分驚異，感慨再三，非常佩服裴寬的為人和操守，於是決定將女兒許配給裴寬為妻。

結婚那天，韋詵用帳子遮住女兒，讓她看看裴寬。裴寬又高又瘦，穿著碧色的衣服。韋詵族中的親戚都笑話他，把他叫做「碧鶴」。韋詵說：「愛自己的女兒，必然將她許配給賢良的公侯做妻子，怎麼可以以貌取人呢？」裴寬後來歷任禮部尚書，很有聲望，那些人就閉嘴了。

觸類旁通

偶得一鹿肉乾，無法拒絕，也不敢自欺，為求心安，只好埋於後花園。裴寬的為人確是讓人驚訝佩服，做參軍即能如此自律，將來必有光明前途。韋詵也正是看到了這一點，所以才立即決定將自己的寶貝女兒嫁給裴寬。

裴寬埋鹿肉卻因此得嬌妻，聽起來很偶然，實際上卻是很合情理的。人品公正者必為正直有遠慮的人所佩服看重，世道是公平的，因緣際會，好人必有好報。

蘇東坡不為舊友謀官

宋哲宗元祐年間，博學多才的蘇東坡經科舉大考後受命為翰林學士，主管朝廷文權，兼為皇帝的顧問，權力很大。雖說蘇東坡以剛正廉潔、不搞營私舞弊而著稱，但也不乏跑官、要官、陪官、耍官、換官、拍官、買官、賴官等苦惱，尤其是一些親朋故舊託求提攜，更是令他傷透腦筋。

有一次，一位過去相交很深的舊友上門，相見之後，開門見山請求蘇東坡念昔日同窗之情，給提攜提攜，哪怕弄個七品縣令也行；並再三挑明話題，要是有權不用，那就過期作廢，後悔都沒有藥吃。

確實，當時的蘇東坡身居高位，若要給舊友弄個什麼官職是很簡單的事。但蘇東坡心想：「官者，應是智者、才者、仁者，為官得考才識；再說，十載寒窗也不容易，這道理大家都清楚。如我蘇東坡做一下好人，若是用錯一個人，就要危害一方百姓，堂堂正正的科舉制度也就等於愚弄欺騙天下莘莘學子了，這是萬萬使不得的事！」。可是，文人終究是愛面子的，對舊友登門求託這樣的事情，礙於情面，不便當場明拒。於是，他便靈機一動，稍作寒暄後就轉過話題，向朋友講述了這樣一個故事：

「從前，有一窮困潦倒者，無以為生，便想起幹挖墳盜墓的鬼事，企望在名官大賈的墳墓上發財。有一日，他費盡力氣掘破一名人之墓，不見金銀財寶，而見一赤身裸體者端坐著，且慢悠悠地對他說：『來者你可知道東漢有個叫楊震的太尉嗎？那就是鄙人。我生前深惡為官奢靡貪酷，致使夜深叩門者送來十斤黃金也被我橫眉平拒，並死後以率自裸葬，向世人表明我一世清白。你今晚雖費力氣不小，但遺憾的是我實無分文相助也！』盜墓者並不死心，又接著挖開一墓。墓中人自我介紹道：『朕即漢文帝劉恒，已葬一千多年了。朕臨崩時曾留下遺旨，墓中不納金玉珠寶，要帶只存放些陶瓦器皿。這些泥巴做的東西本無多少價值，又歷經千年風霜，拿去也諒與你無什裨益。』盜墓者仍不甘心，繼而又用了九牛二虎之力挖掘第三座墓，仍一無所獲，但見墓中人喃喃自言：『我乃殷商義士伯夷。你看我面黃如蠟、骨瘦如柴。這只因當年恥食周粟，寧願餓死在首陽山下之故，故窮得清白，家貧如洗。你雖期望

很大，費力不小，但清貧的我實在無法為你解困。』盜墓者著實長歎一聲，見屢屢挖掘無所獲取，實為得不償失，但仍有僥倖心理，故不甘罷休，又轉身欲去挖他墓。伯夷見狀款款說道：『奉勸足下省點力氣吧，那墓主人便是舍弟叔齊。他是個做學問的，一生從事的事業是寂寞之道也，又為沽名釣譽者之大忌，無有效益。因此，他和我一樣也是出了名的窮光蛋。你還是去走正道，靠勤勞致富吧。』聽罷伯夷一番話，盜墓者感慨萬千，於是便惆悵而去。」

蘇東坡娓娓而談，要官者自然從中聽出了弦外之音。人者，均為赤身來裸體去；官者，人也，公僕也；公僕，清廉正直，為民造福者；為官不留芳千古，便遺臭萬年。貪官即使蓋棺後還會有人掘墓算計個精光，弄個拋屍丟骨這樣悲慘的結局。世上致富道路千萬條，勤勞致富理直氣壯，何必去找門路當貪官，豈止是不光彩？於是，蘇東坡的這位舊友不再糾纏了，端起桌上的一杯清茶一飲而盡，罷了便去了，不再提求官一事。

觸類旁通

拒絕為親友謀利，是自古以來的清官、好官的一大作風。但拒絕也是有技巧的，如果大家都能像蘇軾這樣委婉、巧妙，清官也不至於被戴上「冷面」這樣一頂去不掉的帽子。

當然，廉正和技巧只能取其一的話，那麼只能選擇前者了，蘇東坡身為一代文豪，能把清官做得這麼有藝術，不得不讓人佩服。

劉溫叟加倍還禮

劉溫叟，是宋代的朝中要員，他方正守道，以名教為己任，初為翰林學士，後任御史中丞。劉溫叟為官清廉，秉公守法，從不接受別人饋贈的禮物。

一天，有個年輕人找上門來，自稱是劉溫叟的學生，劉溫叟卻不怎麼認識他。他進門與劉溫叟寒暄了幾句後，就說自己備了一車糧草，打算送給老師，聊表自己的感恩之情。劉溫叟一聽，臉色立即變得十分難看，說：「你的心意我領了，但東西我是不能收的。」那個青年委屈的說：「老師不收，就是看不起我。」兩個人推來讓去，劉溫叟拗不過年輕人，東西只能留下了。

劉溫叟看著這些東西發了愁，該做如何處理呢？自己是絕不收受賄賂的，包括無故饋贈的禮物。現在已經留下了，絕不能白要人家的東西。於是叫來家人，要他們把自己新做的那套好衣服拿出來，送到那個年輕人家裡去。這套衣服質地精美，非常華貴，價值遠遠超過了那車糧草。那些送禮者一看劉溫叟不吃這一套，達不到拉攏收買的目的，一個個都斷了行賄的念頭。

觸類旁通

拒絕有竅門，有人情味，更容易讓人接受，也不會給別人造成那種「鐵面無情」的印象，涼了大家的心，讓別人不敢接近，自己以後做事也不好做。

劉溫叟對素不相識的「門生」的禮物，不得已而留下，繼而派人送去價值數倍於此的回禮，讓人一看便明白了他的為人，清楚了他為官的風格，不會再做類似的事情了。而且這位送禮人又不至於太沒面子，以後見面不會尷尬，還可以愉快地共事。

劉煥勸廉

劉煥生於北宋末年的中山城。金與宋開戰，中山城內很久沒有糧食，劉煥年紀尚幼，煮些糠麩作食物，他自己只喝些清湯，把濃稠的給母親吃，同鄉都很驚異。年長之後，到塾中讀書，天氣寒冷，他便守著用乾糞點成的火堆讀書不倦。

海陵王天德元年，進士及第，調任為任丘縣尉。縣令貪贓，劉煥常常規勸他。任官期滿時，縣令舉杯向他道謝說：「縣尉清廉謹慎，使我的考課得以通過。」調任為中都市令。樞密使僕散忽土家中有一名條結工，在街市上牟取私利，又不肯服有市籍者應服的差役，被劉煥捉住。僕散忽土召劉煥前去，劉煥不但沒有去，反而公開這個條結工的罪行，並予以鞭笞。

劉煥以自己的本官代行戶部員外郎職權。當時代州的錢是夾著雜青銅鑄造的，錢的成色很壞，類似鐵錢，民間常常偷著鑄錢，因此而被治罪的人很多，朝廷很是擔憂，下令尚書省討論。劉煥進奏說：「錢應純用黃銅精鑄，中間摻些錫，如果青銅可以鑄錢，前代沒有理由不用青銅。自從代州摻雜青銅兩分或四六分鑄錢，使青銅和黃銅雜糅在一起，目的在於省銅而容易鑄。從此以後，民間常偷著鑄錢，被治罪的人很多，這不是朝廷的本意。如若為天下的利益考慮，應該純用黃銅，得到的錢雖然少，但利益長遠。已經流通的新錢，最好檢驗數量收上來，准予百姓兌換。」他的建議被採納。再遷升為管州刺史，父老數百人上疏彙報他的十一項顯著政績，到節度使那裡請求讓劉煥留任，說：「劉刺史堅守職責，奉公守法，請求讓他留任。」因任官廉潔而升任鄭州防禦使，遷升官位一級，轉任為同知北京留守事。

金世宗到上京巡視，所經過地區的州郡都大規模徵調民夫修建橋樑、築馳道，以求得到恩賞。而劉煥卻只命令下屬修理平整而已，世宗對他的做法表示讚賞，遷升為遼東路轉運使，在任上去世。

觸類旁通

劉煥幼而孝，長而好學，為官則廉、則正。作為縣尉，敢於常常規勸頂頭上司清廉謹慎，不知當時效果如何，反正最後得到了這個人的感謝。

在其位即謀其政，劉煥用自己的才幹為國分憂、為民謀福，不畏權貴，不勞民傷財的巴結皇帝，所以離任時能有「父老數百人臥於車下請留」。比較劉煥，那些被老百姓轟下臺，或者剛抬腳走百姓就鑼鼓喧天的表示慶祝的官員們應該慚愧才是！

況鍾三留蘇州府

一段《十五貫》的戲劇故事，使況鍾成為婦孺皆知的清官。而歷史上的況鍾，也並不亞於戲劇中的況鍾，他出身吏員，深知官場的積弊，為官後獎善懲惡，被百姓奉之若神。他任蘇州知府十二年，「剛正廉潔，孜孜愛民，前後守蘇者莫能及。」他死後，蘇州吏民相繼哭悼，為他立祠祭禮。現在，在江西省靖安縣東門外況鍾的墳塋前的兩根石柱上題有一副對聯：一肩行李，試問封建官場有幾？兩袖清風，且看蘇州太守如何。

況鍾於明洪武年間出生於江西省靖安縣，為人幹練精明，通達事務，所以經常得到官府及朝廷器重。永樂四年，二十三歲的況鍾首被靖安知縣俞益看中，選為書吏。經過幾番輾轉，宣德五年，況鍾又被明宣宗朱瞻基任命為蘇州府知府。

蘇州在當時被認為是全國最難治理的一個府，稅糧繁重、官吏奸

貪，百姓困苦，許多結伴而逃，不再回來。所以況鍾上任前，宣宗不僅設宴為其餞行，而且還特別給予「敕書」，擴大他的職權範圍，特許他直接向皇上選送奏章，規定他「凡公差官員人等，有違法害民者」，可立即「提人解京」法辦。當時，況鍾被譽為是一位「手捧天書」的「欽差知府」。一到任上，況鍾並未立即當眾取出皇帝的「敕書」，而是一面照批公文案件，一面私下裡進行明察暗訪。待詳細掌握了一批奸吏的確鑿罪證後，便驟然將他們召來，先宣讀「敕書」，後將作惡多端的貪官汙吏逐一法辦，當場就處決了六個最壞的奸吏。頓時，蘇州大震，合郡呼之「況青天」。

況鍾在蘇州府任所還減輕稅賦、平均徭役、為民興利、勸課農桑。特別是在清理積案、平反冤獄上，更是為民所稱頌。據記載，他每一日輪治一縣事，未期年，勘問過輕重罪囚一千五百二十餘名。並且常常折獄明斷，遇有奇冤者無不昭雪。從此，吏不敢作奸，民無冤抑，都稱頌他是包青天復生，逃民也紛紛回鄉。

況鍾嚴於律己，廉潔奉公，生活簡樸，他辦公和居住的地方佈置鋪設都很簡單，餐桌上也常只有「一肉一蔬」而已，真可說是「兩袖清風」。死後歸葬的時候，舟中只有書籍和服用器物，並沒有其他貴重物品，蘇州人都流淚歎息。

在蘇州府，況鍾曾三次離任，都因百姓挽留，繼而復任。宣德六年，況鍾首次離任，是因母喪而回籍丁憂。他一走，蘇州府便奸吏無法，故弊重生。不久，郡中有三萬七千五百多人聯名上書，請求朝廷召回況鍾。因此，宣宗皇帝便命況鍾「奪情」回任。況鍾一回蘇州，便使「法紀復振」。

宣德八年，況鍾任期三載後，需進京朝見，於是第二次離任。蘇州人民懷念況鍾，擔心他此去「朝京」而不回。待來年春天，況鍾返回蘇州後，蘇州人民才放下心。民間有歌謠讚頌況鍾曰：「太守朝京，我民不寧；太守歸來，我民忻哉。」

況鍾第三次離任是在正統五年。是年，他任滿九載，照例應加升一等，便赴吏部候升。當時又有一萬八千餘人聯名上書挽留。皇上見狀，只好升況鍾為正三品官，仍署蘇州府事。況鍾第三次返蘇時，百姓相迎者不遠數百里之遙，可見其在民眾心目中之地位。況鍾治理蘇州先後

達十三年之久，到正統七年十二月，終因積勞成疾，卒於任上，享年六十。

況鍾死後，不僅蘇民痛哭罷市，就連鄰郡松、常、嘉、湖之民赴弔者也絡繹不絕。在歸柩之日，百姓傾城出送，但見白衣冠兩岸，夾舟奠別。為紀念「況青天」，蘇州府七縣大小集鎮都建有專祠，歲歲奉祀。百姓家中也懸像祭祀，五百多年來，歷代騷人墨客和史學家對況鍾均有極高的評價。

觸類旁通

同一個人三次留任同一個郡府，在古代歷史中少見；三次皆因百姓翹首盼望，聯名上書而留任更是絕無僅有。為母丁憂、回京述職、到期升級，這都是為人、為官者所須經歷的，何以蘇州百姓如此依賴況鍾？原因在於況鍾的勤於吏治，他的剛正守法，他的奉公守廉，他的愛民之心，愛民者必為民所愛。這樣的為官之風應該大加讚賞，更應該走向世界。

讓鵝收禮

明朝時有一個名叫周新的人，曾擔任過按察使職務。按察使是負責司法的官兒，權力很大。他上任之後，不少人都來給他送禮。有一天，來了一個人，手中提著一個大盒子，見了周新，不由分說，就把盒子打開。原來裡面裝著一隻黃澄澄、肥嫩嫩的烤鵝，香氣撲鼻，還帶著熱氣呢。來人一邊說：「請大人嚐個新鮮，不成敬意。」一邊拔腿就要走。周新連忙拉住，反覆說明不收禮是自己的老規矩。可是來人執意要送，硬是留下東西出門走了。

周新看到這隻烤鵝，心裡直發愁：不收吧，東西已留下了；收了吧，有一次就有百次，以後就沒法收拾了，而且還會被千人唾、萬人罵……忽然他靈機一動，想出了一個辦法——他叫來手下人，吩咐把鵝掛到屋子前面。天長日久，烤鵝變得又幹又硬，落滿了灰塵。從此以後，若是再有人來送禮時，周新就領他們去看那隻懸掛的烤鵝，笑著說：「我是不收禮的。你若非要留下，就讓這隻鵝收下吧，要不然就請帶回去。」

送禮的人看到送禮只能落得這樣的結局，也就不好意思再送了。漸漸地，周新身邊的人受他的感染，行賄、受賄之風收斂了許多。

觸類旁通

在賄賂成風的那個時代，常令步入官場的人難以應付。讓烤鵝收禮的做法十分巧妙地解決了這個難題。

在不良的社會風氣面前，隨波逐流是一種不負責的表現，聽之、任之是無能的表現，想出辦法來解決才是聰明之舉。

天下不愛錢的只此一人

楊繼宗，明朝天順初年考中進士，授刑部主事。成化初年，朝廷採納王翱的推薦，升任楊繼宗為嘉興知府。赴任時，僅用一個僕人跟隨，官署書齋也都清樸無華。他生性剛正廉潔，人們都不敢有所冒犯。然而他卻能經常召集鄉閭父老詢問疾苦，幫助他們解決；又大力興辦社學，民間子弟年滿八歲不往就學，則要處罰他們的父兄。楊繼宗每遇到學官時都待以賓客之禮，府內教師儒生競相勸學，一時文教大興。

御史孔儒來嘉興清理軍籍，各里老人多被他鞭撻而死。楊繼宗張榜告示說：「有被御史杖責致死的，來府衙報告名姓。」孔儒十分惱怒。楊繼宗前往拜見他說：「為治之道有一定規矩，您只管剔除奸弊，勸誡懲辦官吏。那樣由挨家挨戶稽查考核，則是地方官府之事，不是你風憲官的管轄範圍。」孔儒無法與之相難，但心裡卻深為嫉恨。臨行前，他突然闖入府衙之中，打開楊繼宗的箱篋察看，發現裡面只有舊衣數件而已，便慚愧而去。有經過嘉興的太監，楊繼宗送給他們的只是菱角、芡

實之類和曆書。太監們索要錢財，楊繼宗當即發出公牒去領取庫中金銀，並說：「錢都在，請給我立下印券。」太監嚇得咋舌不敢接受。楊繼宗進京入覲，汪直想要見他，他卻不肯。明憲宗問汪直：「朝覲官中誰廉潔？」汪直回答說：「天下不愛錢的，只有楊繼宗一個人。」

得知母親去世的消息，楊繼宗立即離任出行，來到驛亭下，將官署中的器物全部清理交付給官府，只帶著一個僕從、幾卷書而還。守喪結束後，楊繼宗以右企都御史巡撫順天府。京畿之內有多處權貴的莊田，凡有權貴侵占百姓產業的，就立即奪還給百姓；他還巡查關塞，大舉整飭武備。遇到星辰變異，楊繼宗應詔上疏陳言，歷數指斥太監和文武諸臣們貪贓殘虐之狀，並且請求召回出鎮的太監，因此更加被權貴們所嫉恨。治中陳翼奸告他的過失，權貴們趁機中傷他，他因此被降職為雲南副使。

明孝宗即位後，楊繼宗改任湖廣按察使。到任後，他讓人打來上百斛水，把廳衙沖洗一番，然後再處理事務，他說：「我用來清除汙穢。」在任不久，又以金都御史巡撫雲南。雲南都指揮使司、布政使司、按察使司有許多舊日同僚，相見十分高興。見面後，他離開座位向僚友揖禮說道：「明天要辦公事，望諸君能給予諒解。」於是，彈劾罷免不稱職的八人。不久，他便去世了。

觸類旁通

簡單上任，清廉一生。楊繼宗居官於明朝天順、成化、弘治三朝，那時的官場已不似明初之嚴整，官吏貪贖漸成風氣，楊繼宗身處其中，卻不為之所染，以致當時掌權的太監汪直都承認：「天下不愛錢者，惟楊繼宗一人耳。」他為民請命，不畏權貴，被無禮者突然翻查，卻只有舊衣數件；把貪官汙吏視作贓物，到達任所後，先清除汙穢。楊繼宗雖僅官至按察使，但卻名著青史，成為後世敬仰的一代名臣。所以，清廉不論官品大小，為民謀福不論能力高下。

濁世不汙，張緯清廉自守

張緯為人一身正氣，敢於揭貪保廉，尤其是他拒絕為宦官魏忠賢生祠寫上樑文而受到打擊，辭官而去，充分顯示了他嫉惡如仇和廉潔自持的崇高品德。

張緯年少孤貧，寧可吃糠秕，也不願意輕易接受別人的施捨，讀書卻非常刻苦。中了進士之後，被授予戶部主事，後來出調任廣東提學僉事。廣東的習俗講究排場，他到的時候，當地為他準備的車子優於其他地方；象牙飾品、奇花異石，擺設璀璨華貴，張緯根本就不看一眼，命令把這些花花綠綠的東西全都撤去。廣東地方長官為了巴結當時權傾天下的宦官魏忠賢，為他建了生祠，在生前就開始供奉他，特意請張緯為此祠題寫上樑文以歌頌魏的「功德」。張緯本來就很厭惡魏忠賢的奸邪行為，當即拒絕題寫，受到地方勢力的排擠和魏忠賢的憎恨。於是，張緯主動辭官回鄉。他為官清廉，沒有積蓄，回家後依舊過著貧苦的生活，穿布衣、草鞋，在家裡辦學堂，教授徒弟。

崇禎帝即位後，張緯被重新起用，歷任江西、福建、山東、南京等各地的地方官，後來召入朝廷任右副御史。他揭發貪官王志舉，並為清官成勇伸冤，上疏說明了王志舉貪汙受賄、誣陷好人的罪行；而成勇一心為地方百姓造福，卻被冤枉下獄，老百姓聽說了之後涕泣而送者達上萬人。朝廷下詔逮捕並懲治了王志舉，成勇重得清白並被重新重用，大快人心。

張緯在位時不畏權貴，敢於秉公執法，翻了許多冤案，很受皇帝讚許和老百姓的愛戴。

觸類旁通

在明朝晚年，魏忠賢一手遮天的時代，能夠出現張緯這樣廉潔公正、不攀附權貴的官員實在是很難得。當他拒絕為魏祠題寫楳文的時候，就存在著丟官甚至丟命的危險，但他毫不畏懼，甩甩衣袖瀟灑的走了。

重新被起用之後，張緯仍然保持本色不變，公正廉明，彰顯法律的嚴肅性和莊嚴性，在陰霾籠罩的晚明時期也算是給百姓的一種安慰吧。

「豆腐湯」

湯斌，河南睢縣人，曾任陝西潼關道、江西嶺北道、江蘇巡撫、禮部尚書、工部尚書等職。他一生清正廉明，政績斐然。

順治十二年，湯斌出任陝西潼關道。為不擾地方百姓，他用官俸買了三頭騾子，一頭馱著兩副破舊被褥，一個竹書箱；主僕兩人各騎一頭，像窮書生趕考似的趕路上任。到了潼關，湯斌向守關的把總說明身分後，把總見他一主一僕，人畜俱瘦，行李又少，便使勁地搖頭：「把你放到鍋裡煮也煮不出個官味來。」可是，就是這個「煮不出官味來」的四品道員，上任不到三個月，潼關各州縣的土豪劣紳就不敢再作惡，地痞流氓也紛紛收斂，百姓安居樂業，官府訟簡刑輕。一時之間，「湯青天」的美名家喻戶曉。

康熙二十三年，皇帝親點湯斌出任江蘇巡撫。江蘇乃豐腴之地，然而賦稅等亦比其他地方高出許多，百姓苦不堪言。尤其是在前任巡撫余國柱任職期間，勾結大貪官明珠，大肆搜刮民脂民膏，屬下官員為保烏紗或少受皮肉之苦，也不得不常送紅包賄賂余國柱，最後遭殃的是老百姓。湯斌到任後，體察民情，立志刷新社會風氣。他特地找來司道開誠佈公的說：「我不要你們的錢，你們不准要知府的錢，知府不准要州縣的錢，州縣不准要百姓的錢。我不容一粒耗子屎，壞了一鍋粥！」在江蘇，湯斌處處顧念百姓利益，潔己率屬，破積習、減稅賦、移風俗、濟災民，僅半年時間就受到江蘇人極深的愛戴。兩年之後，湯斌高升禮部尚書，離任之日，蘇州百姓罷市三日，塞道攔留。

湯斌之所以能贏得江蘇百姓如此愛戴，正是因為他為官一任，造福一方。湯斌不僅為政清廉，居家也頗有顏回之風。平時採野菜供膳，每餐必有一味豆腐，因而他有一個看似戲謔、實為敬重的外號——「豆腐湯」。湯斌的生活清苦，他的故居板門竹籬，簡陋異常，其死時家裡僅剩下八兩俸銀，連買棺材的錢都沒有

觸類旁通

「豆腐湯」這個外號叫出了湯斌的清廉儉約，叫出了老百姓對他的愛戴；「湯青天」叫出了湯斌的剛正奉公，叫出了老百姓的喜悅。

這樣為官一任，造福一方的官員，騎驢上任，渾身煮不出來一點官味；而那些搜刮民財、中飽私囊的酒囊飯袋們，渾身上下都散發著「官味」。下層吏屬的說法實在道出了官場的流弊，到底什麼是「官味」？哪些官最像官？這些問題著實令人深思

一匹布、兩雙鞋做壽禮

陸隴其，浙江平湖人，他自幼讀書，生性恬淡清高，不為名利所拘，康熙九年中進士；十四年，授為江南嘉定縣知縣，當時他已經四十六歲了。

嘉定是個大縣，賦稅徵收多而民間習俗又追求鋪張浪費。陸隴其簡樸節儉，努力以德教化百姓。遇到父親告兒子，便含著淚進行勸說，以致兒子攙扶著父親而歸，從此父慈子孝。遇到弟弟告哥哥，便調查出挑唆者施以杖刑，以致兄弟和好如初。一些品行惡劣的青少年勾結行惡，便給他們戴上枷在路口示眾，看到他們悔過了才予以釋放。有一富豪家的僕人奪走了砍柴人的妻子，陸隴其派差役將他逮捕治罪，使富豪改變了以往的行為成為善人。遇到官司，陸隴其不用差役去逮人；屬於宗族內部爭訟的，便以其族長去治辦；屬於鄉里爭訟的，便靠里老去治辦。有時也讓原告、被告雙方都到縣衙來進行調解，稱為「自追」。為了徵收賦稅，陸隴其建立了「掛比法」，寫上百姓的姓名以進行對照比較，

至於交納數額由每人自報。同時又建立「甘限法」，命令將今日限定交納中所欠的數額，日後增加一倍交納。

當時的江寧巡撫慕天顏貪婪無度，一次藉生日為名，大肆搜刮民財，大大小小的官員前往拜壽，帶去的壽禮都是數目驚人的金銀，或是稀世珍寶。陸隴其前往祝壽，只從袖中拿出一匹布、兩雙鞋作為賀禮，並說：「這是我自家所做，不是從百姓身上搜刮來的，作為給您的壽禮吧。」

由於陸隴其不與貪官汙吏合流，故而屢次遭人誣陷迫害，幾次被罷官。然而他卻泰然處之，待恢復官職，仍一心為百姓。陸隴其為官清廉在朝廷內是頗有影響的，他幾次被推薦為清廉官，左都御史魏象樞等更是極力保舉他；特別是他任職地區的百姓對他十分愛戴，他幾次離任，百姓都是含淚相送。陸隴其離任時，只有圖書幾卷及妻子的織機一部，這與俗語所謂「三年清知府，十萬雪花銀」形成了鮮明的對照。

觸類旁通

在排場無比奢華的江寧巡撫壽禮上，在如山的金銀財寶面前，陸隴其只從袖中拿出一匹布、一雙鞋作為賀禮，我們可以想見巡撫大人的尷尬、眾人的驚訝，但更吸引我們注意力的應該是陸隴其諷刺、玩味的目光，這份壽禮表現了他對貪汙行賄的蔑視和挑戰，表明了自己與他們劃清界限的決心。他的勇氣和決心讓人欽佩。

出於淤泥而能清廉守正，雖屢次遭陷害，但終究邪不壓正。一心為百姓的人，百姓總是會成為他們最堅定的基石。

一枝一葉總關情

鄭板橋原名鄭燮，號板橋，清乾隆時期江蘇人，做過兩任知縣，工書善畫，為清代畫壇「揚州八怪」之一。其書畫藝術聞名於世，在為官之時，他剛直和不附權勢的品格與他的書畫幾乎同樣出名。他關心百姓的疾苦，曾寫下「衙齋臥聽蕭蕭竹，疑是民間疾苦聲；些小吾曹州縣吏，一枝一葉總關情」的著名詩句。他在退官之後，不是用他的書畫去奉承和討好那些達官貴人、富商巨賈，而是專門慰藉平民百姓。

鄭板橋好詩畫，內容多關注現實，認為詩人要「敷陳帝王之事業，歌詠百姓之勤苦，剖解聖賢之精義，描寫英傑之風猷。」鄭板橋平生特愛畫竹詠竹，他常用寓竹詩畫來表達個人的情懷。在政治黑暗、社會惡化的歲月裡。他將堅實的個人意志融入詩中，其詩〈竹石〉曰：「咬定青山不放鬆，立根原在破岩中，千磨萬擊還堅韌，任爾東西南北風。」藉竹子生長的堅忍不拔，表達了自己在困境中不為所動的高尚氣節。

更難能可貴的是，鄭板橋為一方知縣時，常常將愛民之心、為民之舉和對老百姓的眷顧之情，融入題畫詩詞之中，當然無不與竹休戚相關，如〈濰縣署中畫竹呈年伯包大中丞括〉云：「衙齋臥聽蕭蕭竹，疑是民間疾苦聲；些小吾曹州縣吏，一枝一葉總關情。」鄭板橋做官以民為重，把關心民生疾苦作為己任，常用詩畫抨擊和揭露貪官酷吏對無辜百姓的無情壓榨。

因其堅定的為民之舉與黑暗的時代格格不入，鄭板橋得罪了上司和鄉紳，無奈之餘，他憤然辭官回鄉。在與百姓臨別之際，他畫竹題詩表明心意：「烏紗擲去不為官，囊囊蕭蕭兩袖寒，寫取一枝清瘦竹，秋風江上作魚竿。」詩中將瘦竹的貧寒清高與自己處境心志相連，比喻貼切恰當，更有一番依依不捨的離別之情，情真意切，句句感人至深。鄭板橋自此棄官為民，他帶走了兩袖清風，留下的卻是一身正氣和百世英明。

如今看來，鄭板橋絕不僅僅是一代才人，更是後世為民之官的楷模，為了百姓利益，板橋毫不顧忌自己烏紗的存留。現在賞閱鄭板橋的竹之詩畫，那纖纖素竹，枝勁葉密，不朽詩篇，字正腔圓，足以是其

「拳拳為民之舉，殷殷愛民之情」的藝術再現。

觸類旁通

鄭板橋以他的「難得糊塗」觀和書畫而名傳千古，豈不知他為官期間廉潔奉公，關心百姓疾苦，敢於為民請命，不畏權貴，所以在官場上一直不得意。但他從來沒有抱怨後悔過，「民」是他自願的選擇，得罪權貴罷官之後，帶走了兩袖清風，留下的卻是一身正氣。

有人總結過，鄭板橋的民本思想非常突出，其事跡和思想可大致歸納為憂國憂民、農夫第一、務本勤民、澤加於民、扶危濟困、教子忠厚、畫慰勞人等。

【原來如此講典故】

高風亮節

【解釋】高尚的品格，堅貞的氣節。形容道德和行為都很高尚。

【出處】胡仔·苕溪漁隱從話後集：「余謂淵明高風峻節，固已無愧於四皓，然猶仰慕之，尤見其好賢尚友之情也。」

姚母教子

姚梁是慶元縣松源鎮姚家村人，自幼好學，二十三歲保舉優貢，清乾隆三十年鄉試考取舉人，三十四年登進士，官至內閣中書，歷任禮部主事、刑部員外郎、順天鄉試會試同考官、山東學政、饒州知府、川東分巡備道、江廣按察司、河間府知府等職，所至皆有政績。三十五年後，封奉直大夫、中憲大夫、通議大夫，世稱「三大夫」。

姚梁為官清廉，政績累累，備受尊敬。這得益於姚梁從小良好的家教，慶元地方上流傳著許多姚母教子的故事。

有一年，朝廷賜封姚梁為察司，要他去各州府查辦貪官汙吏。這事被他母親知道了，她老人家深怕兒子勝任不了這樁大事，決定要試他一試。一日黃昏，姚梁剛從外面回家，他母親劈頭便問：「梁兒，我中午煮了一大碗香蛋，好端端地放在櫥內，晚上打開櫥門一看，竟少了三個，莫非是給媳婦偷吃了？你要替我查一查，我要對家賊施行家教

呢！」姚梁聽了不覺好笑，心想：家人吃幾個香蛋，也值得這麼認真。於是便對母親說：「幾個香蛋吃了便算，不必追究吧。」不料，他母親卻認真地說：「你連家中小事都分不清，還敢上州下府去查案？」姚梁一聽，明白了母親的用意，隨即找來幾個臉盆、牙杯，盛上清水，叫攏母親、妻兒等全家人，分給每人一個臉盆、一只牙杯，吩咐大家一齊漱口，並把口水吐入各自面前的臉盆水中。

姚梁一個個的觀察過去，別人臉盆的口水都清清的，唯有母親臉盆的口水漂著一些蛋黃碎。姚梁發覺吃蛋的不是別人，正是母親自己。他正在為難時，而他母親卻在旁一味催促，問他：「查到了嗎？」姚梁說：「查是查著了，不過……」他母親緊逼著說：「不過要徇私，對否？」姚梁實在無法，只得壯著膽指出：「蛋是母親吃的。」

姚梁媳婦直怨他不該當眾讓老人家難堪。誰料，他母親卻哈哈大笑，說：「你能遇事細心、判事無私，我便放心了。」不久，姚梁奉旨到各州府明察暗訪，根據查到的實情，嚴辦了一批貪官汙吏。

觸類旁通

姚母教子的這一則「試廉」故事，讓人讀了忍俊不禁。仔細深思，身為人母對子女抱有一定的期望，但那不一定是要取得多大的功名，也不一定是要聚集驚人的財富，而是想讓他為官之後，能夠清廉耿直、不徇私情，做個被百姓稱讚的好官。

如果做家長的都能如此深明大義、如此智慧，為官者的後顧之憂必會解除許多，天下應該也會因此多一些於民有益的好官吧。

原來，

守信是種

問心無愧的選擇

嚴己之信

陶侃飲酒限三杯

陶侃，東晉廬江潯陽人。初為縣吏，漸升至郡守，歷任荊州刺史、廣州刺史、征西大將軍等職務，後任荊、江兩州刺史，都督八州諸軍事。

有一次，陶侃在武昌宴請殷浩、庾翼等幾位名士，席間，吟詩作賦，講談學問，好不高興。大家喝過兩杯酒後，殷浩舉杯說道：「將軍，您最近平定了郭默的叛亂，立下了大功，請讓我敬您一杯吧！」陶侃痛快的說：「謝謝，喝！」說著，便端起酒杯，將杯中酒一飲而盡。接著，庾翼也舉起杯來，說：「將軍，若論戰功，您上次平定蘇峻的叛亂，功勞最大，請讓我也敬您一杯吧！」

蘇峻是什麼人呢？庾翼所說的平定蘇峻叛亂，又是怎麼回事呢？蘇峻本來也是東晉的一位將軍，因為不滿晉成帝顧命大臣庾亮削減他的兵權，就帶兵造反，攻下了朝廷所在的建康「臺城」，將年紀尚幼的皇帝挾持到軍事重地石頭城。

當此之時，陶侃指揮六萬大軍，從武昌城浩浩蕩蕩沿江而下，包圍了石頭城，擒殺了蘇峻，解救了晉成帝。按說，當庾翼敬酒時，陶侃應該高興，喝下這杯酒才對。不料，陶侃卻抱拳作揖，誠懇的說：「先生，對不起，我今天飲酒已經足量了，不能再飲了！」見此情景，庾翼不悅，殷浩便附和著說：「將軍，今天大家高興，您應該開懷暢飲！我看得出您有海量！」

想不到這時陶侃卻淚流滿面，哽咽著說：「實在對不起！不瞞兩位先生，家母生前曾給我規定：每次飲酒，三杯為限。今天杯數已足，我不能違背先母的禁約！」

陶侃的父親陶丹本是三國孫吳的名將，但很早就去世了。陶侃全靠母親紡紗織布撫養長大，後來當上了潯陽縣城一名小小的「魚梁吏」。陶母對陶侃的要求很嚴格。有一次，陶侃託人捎幾條鹹魚回家，想讓老人家高興高興。不料，陶母將魚原封不動的退回來，還附了一封口氣嚴厲的信，說：「你現在才當上了個小官，就拿公家的東西回家，真叫我愁死了！」

還有一次，潯陽縣衙門舉行宴會，陶侃喝得酩酊大醉。酒醒後，母親一邊垂淚，一邊責備他說：「飲酒無度，怎能指望你刻苦自勵，為國家建功立業呢？」陶侃羞愧難當。母親要求他保證：從此嚴於律己，飲酒不過三杯。

陶侃講完年少往事，又接著說：「蘇峻、郭默之亂雖然已經平定，但是中國尚未統一，男兒報效國家的路還很長，我怎能違背先母的遺訓呢？」殷浩、庾翼聽完，肅然起敬的說：「將軍，雖然老夫人仙逝多年了，但您信守遺訓，不減當年，這種美德一定會同功業一起，永留青史！」

觸類旁通

誠信是一個人立足社會、成就事業的根本；誠信的最高境界就是克己慎獨。故事中，陶侃的母親生前曾給陶侃規定：每次飲酒，三杯為限；陶侃也向母親保證：進酒不過三杯。若干年後，陶侃仍舊遵守母親的遺訓——飲酒限三杯，這表明陶侃之誠信已經達到了最高的境界。

一個講求誠信的人，無論何時、無論何地，都會講誠信，而不會因為時間、地點的改變而改變。誠信是一個人內在的品德，虛偽不得。只要具有了誠信的品德，就不會輕易改變。

【原來如此講典故】

酒過三巡

【解釋】宴會中向同桌之人敬酒一遍為一巡，酒過三巡指敬酒三遍，意謂宴會已經進行了一段時間。

【應用】在飲酒文化中，古代酒席上有「酒過三巡」才能自由飲酒的風氣。流傳至今還有遲到需罰酒三杯的傳統，這都是因為「三」在古中國具有「完滿」的意思。

晏殊誠實重答題

晏殊小的時候就非常聰明，深得老師喜愛。一天，老先生向自己以前的學生、奉旨巡察撫州的王大人推薦晏殊，稱這個孩子聰明絕頂，才識過人。王大人聽說有這等人才，就馬上約見晏殊。他們在官府的花園中談詩作文，很是投機。王大人見晏殊年紀這麼小就能熟讀史書經典、背誦古詩名句，非常高興，於是就想試探一下晏殊的創作能力，讓他看景作詞一首。想不到晏殊只觀察了一會兒，便吟出了被後人稱絕的《踏莎行・晚春》。

王大人回到京城開封，急忙向宋真宗稟報此事，說在江南發現了一名神童，能熟讀史書、精通詩文。宋真宗正想招募各種人才，聽說後非常高興，馬上下令讓晏殊參加開封的科舉考試。

開考那天，老先生親自送晏殊到考場，並囑咐他說：「今天的科舉考試不同尋常，他們不但年齡比你大，而且有的已經是考場的老手了，但我相信你的能力不亞於他們，你一定要從容鎮定，考出自己的真本事！」晏殊連連點頭，進入了考場。

在考場上，主考官宣佈了考場紀律，隨後發試卷。晏殊打開試卷，一眼便看到「晚春」兩字。他以為自己看花了眼，可是再定神看看，題目確實是「晚春」。晏殊高興的心跳不已，他想：這是多麼難得的好機會，我只要把我自己作過的詞寫到試卷上，一篇佳作不就出來了嗎？這既不是作弊，又能保證我取得好成績。

正想著，晏殊的耳邊突然響起了老先生的話：「孩子，做人的基本準則是要誠實，不能自欺欺人。如果自欺欺人，即使得到了金榜題名的榮耀，心裡也會不安的。」頓時，晏殊感到一陣臉紅。於是，他決定講出實情，要求主考官給自己換一個題目。可是，考場上的規矩特別嚴格，晏殊幾次要說話，都被監考官制止了。不得以，晏殊只好把自己原來的那首詞稍作修改，交了上去。

幾天後，考試成績名列前茅的考生被召到金鑾殿，參加由真宗皇帝親自主持的殿試。晏殊當然也在其中。輪到晏殊的時候，真宗皇帝高興

的對他說：「你的詞朕看過了。沒想到你小小年紀，竟然有這樣好的學問。」不料，晏殊卻突然跪下來，並聲稱自己有罪。接著，他把自己曾經做過那個題目的事詳細說了一遍，並請求皇帝另出一個題目，當堂考他。晏殊說完，大殿上頓時鴉雀無聲，眾人都愣住了，心想：這個少年真是個傻子！

過了片刻，真宗皇帝突然大笑起來，說：「真看不出來，你這孩子小小年紀，不僅學問好，還這樣誠實。有志氣、有出息！那好吧，朕今天就成全你。」當下，真宗與眾大臣商議了一下，出了一道難度更大的題目，讓晏殊當場作文。晏殊控制住自己內心的緊張和激動，稍作思考，文思泉湧，很快就做完了題目。

真宗皇帝讓侍從當堂把晏殊的文章讀了一遍。百官們聽了，無不驚歎晏殊的才學過人。真宗皇帝更是高興，連連誇獎晏殊，並當即封他為進士。

觸類旁通

考場上遇到自己熟悉的題目，對於每一個曾經有過考試經歷的人來說，都是一件怦然心跳、驚喜若狂的事情，可是當時年紀輕輕的小晏殊時刻銘記老師對他的誠信教導，確實難能可貴。

有才能是一回事，講究誠信又是一回事，如果僅僅為了考取功名利祿而拋棄了誠信，那麼也就失去了做人的基本意義。晏殊的才學至今令我們後人欽佩，而他的誠實品德也更值得我們學習。

【原來如此講典故】

意到筆隨

【解釋】形容文思敏捷，得心應手。

【出處】春渚紀聞・東坡事實・文章快意：「先生嘗謂劉景文與先子曰：『某平生無快意事，惟作文章，意之所到，則筆力曲折無不盡意，自謂世間樂事無踰此者。』」

司馬光說謊受責

童年司馬光和弟弟司馬義在一起讀書。司馬光天資聰明，過目不忘，寄託了父親的全部期望；而弟弟雖然天性駑鈍，但是為人忠厚老實，即使常常被司馬光嘲笑也不介意。

一天，教書先生對司馬光的一篇文章大加讚揚，司馬義衝著司馬光豎起大拇指，很為他高興，可是司馬光卻紅著臉，低下了頭。原來，這篇文章不是他自己寫的，而是他從古書上抄來的。司馬義知道後，建議他對老師說明實情。但是，司馬光卻猶豫不決，他說：「我只抄襲了一部分，並沒有全抄，先生是不會看出來的。再說，如果我告訴先生我的文章是抄的，先生卻沒有看出來，這不是有損先生的面子嗎？我知道錯了，以後不再抄就是了。」

然而，事與願違，先生不是沒有看出來，而是早就看出來了，並且將這件事告訴了司馬光的父親。父親知道後，大發雷霆，立即要訓斥司馬光，卻被先生攔住了。原來，先生已經想出了一個兩全其美的好辦法……

父親把兄弟兩人叫到了書房，吩咐他們做一件最簡單的家務活——剝一包花生米的內皮，看誰剝得最多。唯一的條件是要自己動腦子，不要別人幫忙。於是，兩人各拿了一包花生米回自己房間去了。

為了獲得父親的讚揚，司馬光拚命的剝，他採用了很多辦法：先用兩隻手狠勁的搓，但搓紅了兩個小手掌，內皮還是牢牢的包在花生米上；他又拚命的用手指甲摳，但指甲很快就摳出了血；最後，他心一急，乾脆用牙齒使勁的啃起來。

這時，丫環梅香走了過來，看見司馬光焦急的樣子，不禁「噗哧」一笑出聲來。她說：「我有個辦法可以讓你一會兒就把花生米的皮都剝完。」說著，便要教他怎麼做。司馬光想起了父親的規定，有些猶豫，但一想到剝得多能得到父親的讚揚，就決定讓梅香幫忙了。

一會兒，司馬光高高興興的來到父親的書房，將一包圓潤光潔的花

生仁交給了父親。奇怪的是，父親並沒有誇獎他。這時，司馬義也來了，掏出一小把坑坑窪窪、帶著牙齒印的花生仁。

父親讓司馬光告訴弟弟是怎麼剝的，司馬光得意的說：「用開水將花生米泡一下再剝，剝起來就方便多了。」父親問他這個辦法是不是自己想出來的？司馬光猶豫了一下，還是點點頭，但臉色卻非常難看。父親非常失望的看著他，什麼話也沒有說，就讓他們走了。

司馬光回到房間，心中充滿了矛盾：向父親說實話吧，擔心他會很失望；不說吧，又是在欺騙人。最終，誠實戰勝了虛榮，他走到父親的書房，將事情原原本本的告訴了父親，並承認了自己的錯誤。

父親看著他，眼神中透出一絲喜悅，但卻嚴厲的說：「誠信是做人的根本，不能設想，一個從小為了一點小事就要投機取巧的人，長大了會成為一個正直無私、廉潔奉獻的人嗎？你小小年紀，就學會了說謊的壞毛病，就好像幼小的樹上生了蛀蟲，必須馬上清除，否則，就不可能長成有用的棟樑之材！」司馬光這才知道，原來父親是在考驗自己。

後來，司馬光牢牢記住了父親的話，從此再也不說謊了。長大後，他還給自己取了個字，叫「君實」，以此勉力自己永遠做一個誠實正直的人；他還把這種美德傳給了子孫，成為代代相傳的家風。

觸類旁通

誠實守信的品德要從小培養，誠信教育要從小時候教起。誠信是做人的根本，不能設想，一個從小為了一點小事就投機取巧的人，長大了如何能夠成為一個廉潔奉公、正直無私的人？每個家長都應該懂得這個道理，從小就教育自己的孩子，養成誠實守信的好品德。

有的家長總希望自己的孩子占上風、不吃虧，所以就給孩子灌輸各種不利於孩子身心健康的思想，這是很錯誤的做法。長此以往，很可能使孩子最終走上犯罪的道路，到那時後悔也晚了。所以，規勸家長們一定要在教育孩子的問題上保持清醒的頭腦。

司馬光賣馬

西京洛陽的東市場上，一個白髮蒼蒼六十開外的老兵，懶洋洋地牽著一匹棕黃毛色的馬。他從東穿到西，來回地走著。「賣馬！賣馬！」老兵嘶啞地喊道，那匹馬也很馴順地跟在老兵背後，踏著沉重的步子。「這匹馬不錯，就是老了些。」一個老頭迎著老兵說。「不老。牠的牙齒還滿全的嘛！」老兵見有主顧，就拉開馬的上下頜說。「那要多少緡錢？」「五十緡。」「五十緡？貴了些吧！」老頭說。「不貴，比起市價要便宜得多了。」老兵絮絮地說，「這是我家司馬相公的坐騎，近年因為每天忙在房裡編寫史書，用不著了，就叫我賤價出售。」「哦，原來是司馬相公的，」老頭帶有信任感的說，「那就貨不二價了。請你先拉回去，明天我帶錢來，一手交錢，一手交貨。你說可好？」「好的。」老兵得意地把馬牽回了家。

司馬光正在書房裡，和助手劉恕把一張又一張寫有兩寸見長文字的紙條放在四頁牆上，這是他在浩如煙海的素材中，揀選編寫史書材料的一種方法，以便從中分類、挑編。聽到馬蹄聲，他就和劉恕一起迎將出來。老兵興奮地對主人說，馬匹已經有主顧了，而且價格五十緡錢。並推說今夜須加倍餵好上等草料，以便明天順利成交。

司馬光愛憐地撫摸著馬鬃，這匹馬已經追隨他六年了，那還是他在任龍圖閣直學士任上時，為了替代腳力而購置的。「噢！我好健忘，差點誤事，」司馬光忽然露出不安的神態，「此馬是有病的。」「這點我知道。」老兵討好主人說，「所以我明天清早，再把牠洗刷乾淨，這樣買主就更會高興了。」

「不，不能這樣。」司馬光諄諄囑咐說，「你要對買主說，此馬看似馴順、溫良，那是現在秋高氣爽季節；要是在大熱天，就易野性勃發。因為牠有肺病。」

「相公說得是。不過，如果老老實實的說，這匹馬是賣不出去的。」老兵驚詫地說，「市場賣買，哪有說真話的呢！」

「話可不能那麼說，」司馬光說，「讓他人用買一匹強壯馬的錢來買病馬，這不是讓人受騙又是什麼？這事可不能做，明天你把話說請楚，如果他願意成交，價錢還得壓低些！」老兵點點頭，把馬牽走了。

劉恕跟在後面，不由得對司馬光的所說所為欽佩不已。他和司馬光相差十三歲，但知識淵博，對過去歷史瞭若指掌，尤其是對魏晉以來近代史考證更見精闢。「相公待人，正有如寫史，老老實實，一絲不苟。」劉恕隨司馬光回到屋裡，由衷地說。「誠實為待人的根本，不知相公是怎樣養成這種品德的？」

司馬光笑笑，沒有立即答話。他走近書櫥，從中取出一疊書札，把其中一封遞交給劉恕，請他過目。這是司馬光親筆寫的一篇短小書札，上面寫著自己童年時所發生的一段故事：

「我在五、六歲的時候，有次玩弄青胡桃，要姐姐幫助剝去外殼。她沒有辦法，離開了。這時，有個小丫頭把它浸在沸水裡，胡桃殼核很快就脫落了。姐姐回來後，感到驚訝，問我是誰剝去的。我回答說是我想出來的。不料這事恰好被父親瞧見，就責備我說，小孩子怎麼可以當眾說謊！從此我再也不敢說謊，也不願說謊。」劉恕讀了，頻頻點頭。

「每當想起這件事，使我羞恥、慚愧，因此我把它寫下來，警告自己。」司馬光若有所思地說，「童年時代雖然無知，但卻也是很重要的，它能影響今後一輩子的習慣和生活。」

劉恕聽了，更加增添了對司馬光的敬仰之心。

第二天，老兵把馬領到市場，老頭已經攜帶了一大麻袋的錢在等候了。老兵如實把馬所患的疾病說了，並說這是司馬相公特地關照清楚的，不能讓他吃虧上當。老頭聽了也很感動。周圍的人聽說閒居本地的司馬相公賣馬，而且指明這是一匹外表驃壯卻有肺病的病馬。都圍了過來，他們紛紛讚揚司馬光為人誠實、不說謊。

觸類旁通

做生意當然要講求誠信，這東西是什麼質地就是什麼質地，不能為了貪圖小利而欺騙顧客。這是每個商人都懂得的道理，可是就是有些人明明知道這個道理卻仍舊高喊誠

信，實則做著不誠信的勾當。

司馬光賣馬的故事，給我們每一個人樹立了好榜樣。他不讓家僕隱瞞馬的缺陷，實事求是，不但贏得了買馬人的尊敬，更贏得了所有人的讚揚。如果我們每個人都能像司馬光一樣，實事求是，不隱缺陷，那麼買賣中的糾紛可能就會減少很多，人與人之間的關心也會更加的融洽。

【原來如此講典故】

童叟無欺

【解釋】形容做生意誠實，無論老少絕不欺騙。

【應用】二十年目睹之怪現狀·第五回：「他這是招徠生意之一道呢！但不知可有貨真價實，童叟無欺的字樣沒有？」

王拱辰中狀元

王拱辰，宋朝人。自幼家境貧寒，父親在他很小的時候就去世了，留下無依無靠的母親和四個孩子。王拱辰是長子，於是他就和母親一起挑起家庭的重擔。王拱辰孝順母親，生活簡樸，誠實守信，常受鄉鄰們誇獎。他還喜歡讀書，而且非常刻苦，經常是天不亮就起床，甚至是半夜醒來也要翻一翻書。

王拱辰透過多年的努力，到二十歲的時候，已經能寫一手好文章，於是他就參加了鄉試和會試，成績很優秀。宋仁宗天聖八年，他到京城參加由仁宗皇帝親自主持的殿試。皇上認真審閱了每一個考生的考卷，發現王拱辰的文章立論新穎、見解獨到、文筆流暢，沒有人能比得上他，於是就點名他為狀元。

第三天，宋仁宗把考中前三名的書生都召集到皇宮的大殿上，在早朝時當著文武百官的面宣佈前三名的名單。其他兩個書生都趕緊跪下磕

天下奇聞。

五百年的歷史了，從沒聽說過哪個人把到手的「狀元」往外推，這真是您另擇他人吧。」金鑾殿上的人都議論紛紛——科舉考試已經有四、頭謝恩，王拱辰不但沒有謝恩，反而說：「陛下，小生不配當狀元，請

仁宗皇帝聽了很納悶，就詢問原因。王拱辰說：「陛下，我也是十年寒窗苦讀，作夢都想中狀元。可是，這次考試的題目不久前我剛好做過，被選上狀元實屬僥幸。如果我默不作聲當上了狀元，我就是不誠實。從小到大我都沒有說過謊。我不想因為想當狀元，就壞了自己的節操。」

宋仁宗聽了，非常感動，特別賞識王拱辰的誠實，認定他將來一定會成為國家的棟樑之材。於是，宋仁宗就說：「此前做過考題，是因為你勤奮，況且從你的文章裡可以看出，你表達的是自己的真實想法，理應選為狀元。再說，你敢於說真話，能夠誠信做人，這才是一個堂堂狀元應該具有的品格，你的誠實比你的才華更可貴。因此，朕一定要點你做狀元，你就不要推辭了！」

就這樣，王辰拱成為歷史上有名的誠信狀元。他在朝中做官五十五年，以自己誠信正直的品格和過人的才華，得到百姓和官員們的尊敬。

觸類旁通

十年的寒窗苦讀，誰不想金榜題名呢？王拱辰當然也不例外，但是從小就誠實守信的他不想因為自己想當狀元就壞了自己誠實的節操，這說明在他看來，誠實的節操要比狀元的桂冠更重要。丟了狀元的桂冠還可以來年再考，但是丟了誠實的節操，就永遠也撿不回來了。王辰拱敢於說真話，能夠誠信做人，這其實才是一個真正的狀元所該具有的品格。

一個人不光要有才學，更要有道德。從某種意義上說，誠實比才華更可貴。一個人可以在才學上有所欠缺，但是千萬不能在人品上有所欠缺；人品上有欠缺，那麼就無法立足於世，就不能成為一個好人。

【原來如此講典故】

金榜題名

【解釋】金榜指科舉時代殿試揭曉的榜單。金榜題名指考試被錄取，名登金榜之上。

【出處】鄭谷贈楊夔詩：「看取年年金榜上，幾人才氣似揚雄。」

劉若宰不隱祖籍

劉若宰，明朝人，祖籍山東水泊梁山。他學問大，在讀書人中威望很高，可是一連幾次科舉考試都名落孫山。但他仍不灰心，還是一次又一次的參加科舉考試。明朝天啟五年，劉若宰又參加了那一年科舉考試，這是他第五次參加科舉考試了。在筆試中，他發揮得很好，被主考官選出來參加熹宗皇帝親自主持的殿試。

劉若宰經常和一些當時很有聲望的文化名人交往，見過許多大世面，所以在熹宗皇帝面前一點也不緊張。熹宗皇帝一連提了好幾個問題，他都對答如流，而且聲音渾厚清楚。熹宗皇帝聽了很高興，於是就隨後問了一句：「你祖籍哪裡？」劉若宰知道皇帝最忌諱起義軍，水泊梁山又是三歲小孩子都知道的起義軍的老窩，要是對皇帝說了實話，皇帝肯定會不高興的，於是就想編個謊話騙過皇帝。

可是，劉若宰又一想：我怎麼能不承認自己的祖籍呢？這可是不孝

啊。再說，我怎麼能說謊呢？於是，他挺起胸膛說：「回陛下，小民的祖籍水泊梁山。」熹宗皇帝一聽，臉上的笑容立即消失了，嚴肅的問：「你從小就住在水泊梁山嗎？」劉若宰知道熹宗皇帝已經不高興了，依然照實回答：「小民的祖父和曾祖父住在梁山，到了父親時就搬到江蘇去了，我是在江蘇出生長大的，從來沒去過梁山。」

就這樣，殿試結束了，劉若宰知道自己已經不可能被選為狀元了。第二天，皇榜貼出來了，第一名是一個遠遠比不上他的一個叫于煌的人。他從第二名開始看，直到最後一名，也沒看到自己的名字。這件事對劉若宰的打擊很大，可是他還是決定參加三年後舉行的下一次殿試。

劉若宰在京城裡租了一間客房，準備在京城長期住下去。一個偶然的機會，他得到了一本叫《金蓮傳》的書稿。他花了兩年的時間重新整理加工這本書，並且把它改名為《金瓶梅》。據說，這就是後來在中國民間廣為流傳的小說《金瓶梅》的雛形。

崇禎元年，熹宗皇帝去世，思宗皇帝即位。在那一年的科舉考試中，劉若宰終於得了頭名狀元。

觸類旁通

有一個古老的諺語說：一個人講了一次謊話，就不得不講更多的謊話。這就像一個變質的蘋果，總是先有一個小小的斑點，然後慢慢擴大，最後整個蘋果都腐爛掉。

劉若宰無疑是誠實的，如果當時他說了謊話，很可能狀元就是他的了。但是，如果這次劉若宰說了謊話，那麼以後他就不得不說更多的謊話，正因為如此，在誠實與狀元之間，他選擇了誠實。為了信守誠實的品德，而拋棄了即將到手的狀元桂冠，這實在是難能可貴啊。

【原來如此講典故】

飲水思源

【解釋】本指飲水時就想起水的來源。比喻人不可以忘本。

【出處】易水注：「木有本，水有源；飲水之人，當思來處。」

爲官之信

皇甫績守信求責

皇甫績是隋朝有名的大臣。他三歲的時候，父親就去世了。母親一個人難以維持家裡的生活，就帶著他回到娘家去住。外公見皇甫績聰明伶俐，又沒有了父親，怪可憐的，所以格外疼愛他。

皇甫績的外公叫韋寬。韋家是當地有名的大戶，生活很富裕。由於家裡上學的孩子多，外公就請了個教書先生到家裡來，辦了個私塾。皇甫績就和表兄弟們一起在家裡的學堂上學讀書。

外公是個非常嚴厲的老人，尤其是對他的孫輩們，更是嚴加管教。私塾開學的時候，就立下了規矩，誰要是無故完成不了作業，就按照家法重打二十大板。有一天，上午上完課後，皇甫績和他的幾個表兄躲在一個已經廢棄的小屋子裡下棋。一貪玩，不知不覺就到了下午上課時間，大家都忘記做老師上午交待的作業了。

第二天，這件事被外公知道了，他把幾個孫子叫到書房，狠狠的訓斥了一頓。然後按照家規，每人打了二十大板。外公看皇甫績年齡最小，平時又乖巧，再加上沒了父親，不忍心打他。於是，就把他叫到一邊，慈祥的對他說：「你還小，這次我就不罰你了。不過，以後不能再犯這樣的錯誤了。不做功課、不學好本領，將來怎麼能成大事？」

皇甫績和表兄們相處的很好，表兄們都很愛護他。看到小皇甫績沒有被罰，心裡都很高興。可是，小皇甫績心裡很難過，他想：我和表兄都犯了一樣的錯誤，耽誤了功課。外公沒有責罰我，這是心疼我。可是我自己不能放縱我自己，應該也按照規矩，挨二十大板才成。於是，皇甫績就找到表兄們，求他們代外公責打自己二十大板。表兄們一聽，都「噗哧」一聲笑了出來。皇甫績一本正經的說：「這是私塾裡的規矩，我們都向外公保證過了，觸犯規矩甘願受罰，不然的話就是不遵守諾言。你們都按規矩受罰了，我也不能例外。」

表兄們被皇甫績這種誠心改正錯誤的精神感動了。於是，就拿出戒尺打了皇甫績二十下。後來皇甫績做了大官，但是這種從小養成的信守諾言、用於承認錯誤的品德一直沒有丟棄，讓他在文武百官中享有很高的威望。

觸類旁通

一個人誠實守信的品格不是先天就有的，而是後天養成的。在這個養成過程中，離不開環境的薰陶和各方面的教育，正所謂：「玉不琢，不成器；人不學，不知義」。皇甫績從小就養成了信守諾言、勇於承擔錯誤的品德，實在是難能可貴。

相比我們現在的孩子，皇甫績為我們做出了好的榜樣。要建立誠信的社會，首先就應該高度重視孩子的誠信教育；只有從小就給孩子養成誠信的品德，長大後才可能成為一個講求誠信的人。同時，教育孩子、培養孩子的良好品德，父母、師長要做出表率，你的行為就是孩子最好的榜樣。

【原來如此講典故】

一視同仁

【解釋】對待人一律平等，不分高下，沒有歧視。

【出處】韓愈〈原人〉：「是故聖人一視而同仁。」

高允寧死不說謊

平城北魏皇宮裡，皇太子拓跋晃聽完師傅高允講解一段《史記》後，就順便問他當今興修「國史」的事。這部「國史」原是皇帝寵臣司徒崔浩主編的。高允因為職務是著作郎，加之文筆穩健、見識淵博，也參加了編寫。

「崔司徒確實有才能，難怪皇上幾十年來一直對他那麼信任！」皇太子貌似稱讚，實際暗中帶刺的說，「這回國史修成，他可又得高升了。」

「我以為，崔司徒鋒芒畢露，疏於檢點自己。」高允有點憂慮地說，「而且，經常推薦那些無功也無本領的親戚、朋友、學生當官，爭權奪利。長此以往，我看是禍啊！」高允的談論，觸及了皇太子胸中的悶結。他對崔浩本來就有點不滿意。前些日子，崔浩要讓幾十個姓崔的本家人出任地方官員，皇太子反對，他就和太子力爭，結果還是照他意

見辨了。崔浩還向皇帝建議，回復到春秋戰國以前的封建制，把中國分成一個個小國；還說，秦始皇設立郡縣制是錯誤的。他的用意是希望憑自己家族在北方的勢力，和北魏鮮卑族政權分庭抗禮，這當然是皇太子難以容忍的。而崔浩卻毫無忌憚，這回在北魏國史編寫好後，他還向國庫開支了三百萬錢，讓石匠把它一個字一個字地鐫刻在高矗的碑石上，石碑一座接一座排立在平城西郊大路邊，給來往過路人誦讀。「國史」裡，有關鮮卑族老祖宗的家底全都畢露無遺，供人指摘。這樣，包括皇太子在內的鮮卑貴族，對他更痛恨了。

太武帝拓跋燾因為崔浩侮辱了自己的祖宗，就下令逮捕他和他的家族，並且還準備將參與編寫「國史」的所有人員和他們的家族全都殺頭。高允當然也在被殺之列。但皇太子不忍心，他請來高允講讀，其實是設法為他開脫，救他一命。因為高允平時謹慎、正直，很得太子敬仰。

皇太子帶高允去進見太武帝。走到宮門，皇太子對他說：「先生上殿見到至尊（皇帝），至尊如果詢問，你必須要按照我說話的意思回答。」又再三囑咐高允：「千萬別忘記，切切不可講自己要說的話。」

「請問殿下，為什麼要這樣啊？」高允有點疑惑地問。「到了大殿上，你就知道了。」皇太子說。

到了大殿上，皇太子向皇帝述說高允為人從來小心謹慎，雖然參加崔浩編寫「國史」，但職務低卑，起不了什麼作用，所有文字修飾、定稿都由崔浩最後總裁，請赦免高允。皇帝就問高允「國史」是否都由崔浩審定？皇太子用眼色示意高允，要他順著話說下去，這樣就可以開脫了。

「《太祖紀》是前著作郎鄧淵寫的，《先帝紀》、《今紀》，乃是我和崔浩合作的。但是由於崔浩事務繁忙，只抓大綱，至於編寫，還是我的筆動得多。」高允沒有按照太子的話說，竟直率、如實地回答了。

皇帝聽了大發雷霆，怒斥高允說：「你竟超過了崔浩所為，哪能赦免死罪？」皇太子見高允為講真話把生死置之度外，心裡很佩服，他趕忙插話說：「高允是一個小官員，看見皇帝威風凜凜，才驚惶失措、語無倫次的。可是他平時和我說，那都是崔浩所為。」皇帝又問高允：「東宮太子所說的，是這樣吧？」

「我的罪可以滅族，但我不願說謊話。太子因為我侍講時間長，可憐我，為我乞命。但他確實沒有問我，我也沒有講這事。」高允不願說違背自己良心的話。

太武帝聽了高允侃侃而談，頗有感慨地對太子說：「這是個正直的人啊！臨死前還那麼老實，不願說謊欺騙。」於是，就宣佈赦免高允的死罪，並讓他起草一份詔書，內容是：從崔浩起，凡參與修史的，共一百二十八個官員和崔浩的家族全都殺頭。

高允沒有立即起草詔書，皇帝催促了幾次，他才對皇帝說：「崔浩如果有其他罪惡，當然可以處死。如果只是因為寫史獲罪，那也不至於處死刑。」皇帝又發了脾氣，經太子再三請求，才再次赦免高允，並同意他的請求，除崔浩外，其餘一百二十七人及崔浩的家族也都赦免了。

幾天後，高允和皇太子又在一起閒談。「人都應該是見機行事的。我想為你開脫，可是你卻始終沒有按我的意思辦，使皇帝一怒再怒。」皇太子責備高允說，「想到這裡，我也真是心有餘悸。」

「寫歷史的目的是使後人警戒以往過失。崔浩按自己好惡作為寫史標準，這是最大過錯，至於寫皇帝活動、國家事務，那還是需要的。」高允心平氣和地解釋，「我和崔浩同事，哪能因此推卸責任？要我說違心的話，把責任都推到他人身上，我實在不願意。」

皇太子聽了高允這番話，對他更加敬佩了。

觸類旁通

不說假話，是誠信的基本要求和基本表現。北魏太傅高允，基於自己誠信為人之道和對皇上的忠誠之心，置生死於度外，堅持說真話而不說假話，實屬難能可貴。社會是複雜的，有些時候，為了保護自身的生命或者利益，可能不宜說真話；但我們必須要求自己不說假話，並在適當的時候說出真話。要做到這一點，著實不容易。許多時候，說真話往往會受到迫害，而說假話倒可能富貴發達。所以我們要有與惡勢力做抗爭的決心和信念，更要講求對策，在保護自己的同時，揭穿壞人的陰謀。

戴胄按律判案

有一次，唐太宗李世民發佈了一道命令：「在科舉考試中，凡是偽造出身和資歷的人，必須向官府坦白自首；不坦白自首的，一經查出，一律判處死刑。」

後來，吏部果然查出有個已經金榜題名的舉子，偽造自己的出身和資歷。唐太宗知道了這件事後，龍顏大怒，立即下令革去這個舉子的功名和官職，抓起來交大理寺處理。大理寺少卿戴胄在審理這個案子的時候，查明了該舉子犯罪的情由和事實。但他沒有根據唐太宗的命令把那個舉子判處死刑，而是根據《唐律》的有關條例，判了個流放邊疆的刑罰。

當戴胄把這個處理結果稟報給唐太宗的時候，唐太宗大為不滿，他說：「朕已經明確宣佈，對那些在科舉考試中偽造自己的出身和資歷，又不主動坦白的人，要判處死刑。你怎麼自作主張，只給他判了個流刑呢？難道你不知道這是朕的命令嗎？」戴胄回答說：「臣當然知道這是陛下的命令。如果在抓到他的時候您就把他殺了，我是管不了的。但是，現在您既然把這件事情交給我處理，我作為執掌刑法的官員，審案、判刑必須根據《唐律》而行。不然的話，就會出現執法不公、量刑不當的現象。如果這樣，那就是我的失職了。」

唐太宗見戴胄如此回答自己，心中非常不快。他厲聲說：「我是一國之君，這國家大事是由我說了算。你只怕自己失職，就不怕朕在全國百姓面前失信嗎？你必須改判！必須按朕的命令辦！否則，朕……」誰也不會想到，戴胄並不理會唐太宗這一套。他寸步不讓，據理力爭。他說：「我們為了維護法律和國家的大信用，只好違背您的命令，讓皇上失信了。」唐太宗到底還是個開明的君主，他聽了戴胄的話，覺得有道理。於是就感歎的說：「我雖然是一國之君，但在處理某些事上，沒有你想得深遠。國家法律的大信用一定要維護，我看這件事情還是按你的意見處理吧。」

觸類旁通

一個民族不能缺乏誠信觀念，一個國家不能缺乏誠信制度，維護國家的信用要靠法制，如果無法可依，或有法不依，朝令夕改，那就根本不可能維護國家的信用。戴胄說得好：皇上個人的信用固然重要，但國家的信用、國家的法律更為重要，這是大信用與小信用的問題，絕不能為了皇上的小信用而損害了法律和國家的大信用。

曾彥著法休妻

曾彥，明朝人，他看到明朝缺少一部完備的法律，許多事情處理起來非常難辦，於是就想編著一部完備的法典。

為了儘快編著法典，曾彥在荒郊野外搭起了一座茅屋，整天在那裡寫啊寫啊，連家也不回，無論春夏秋冬，一日三餐都由妻子給他送飯。家裡的事情他什麼也不管，都靠著妻子整天忙裡忙外的招呼著。一個家沒了男人的支撐，當然日子過得很清苦。可是，妻子仍舊十分支持丈夫，從來也不在丈夫面前喊一聲「苦」。

一天，妻子又來給他送午飯。他望著日漸消瘦的妻子，心疼的說：「為了讓我寫好這本書，你受了不少的苦！現在好了，我的書就快寫完了，很快我就可以回家了。」妻子一聽非常高興，溫柔的說：「那太好了，可是你一定餓了，還是先吃飯吧。」

曾彥掀開蓋在飯籃子上的布，看見了水靈靈的三個大桃子放在籃子裡，就問：「咱們家那麼窮，你怎麼有錢買桃子呢？」妻子說：「不是買的，我剛才給你送飯的時候正好路過李家的桃園，就順手摘了幾個，想讓你嚐個鮮，也好補補身子。」曾彥愣了一下，問：「李家的人在嗎？」妻子說：「不在，可能回家吃飯去了。」曾彥突然大聲說：「你偷人家的桃子！」妻子不以為然的說：「你說話怎麼這麼難聽啊！都是熟人，摘幾個怎麼能算偷呢？」曾彥說：「不經過別人同意就拿別人的東西，就是偷。按照我編的法律，女人偷東西就該被休。」

說完，曾彥拿起筆就寫了一封休書，兩眼含淚的說：「雖然我也捨不得你走，可是法律是我編寫的，我必須誠實的遵守。你回到娘家，另嫁一個好人家吧！」說著，就把休書遞給了妻子。妻子原本以為曾彥是在和她開玩笑，也沒抬頭看，只顧著給曾彥補衣服。後來發現曾彥的聲音不對，抬頭一看，曾彥已經流下兩行眼淚，這才知道丈夫是認真的。

妻子知道曾彥向來很講誠信，沒有特殊情況，說出去的話是不會更改的。於是，她就拿起休書找到婆婆，哭著向婆婆講了事情的經過。婆婆聽了很生氣，立即領著兒媳婦去找兒子，見到曾彥就破口大罵：「你這沒良心的東西！你整天躲在這裡又寫又畫，哪一件事情不是由你媳婦操心，可是她卻沒有一句怨言。這麼勤快賢慧的媳婦，你打著燈籠也找不到啊，竟然還要休了她？」曾彥紅著眼睛說：「我也知道她好。可是做人一定要講誠信，孩兒制定的法律，孩兒自己首先該遵守。」曾母生氣的說：「你以為你是皇帝，可以頒佈法律嗎？真不知道天高地厚！」

聰明的兒媳婦受到婆婆的啟發，說：「只有皇帝才有權頒佈法律，你寫的法典在沒有被皇帝批准之前，只是廢紙一堆，你根本沒有理由休我。」曾彥被說得啞口無言。再說，他自己也不想休了妻子，這件事也就這樣算了。但是，他讓妻子必須向桃園的主人道歉，他不想讓妻子做一個缺乏誠信的人。

後來曾彥高中狀元，他把自己的法典呈給皇帝，皇帝很高興，還專門讓他帶領一批人重新修訂了法律。

觸類旁通

這個故事聽起來，可能覺得有些荒唐。也許是曾彥長期埋頭於編寫法典，以至於沉醉於他所精心建構的法律世界而一時難以回到現實中來。但是我們仔細想想，這個故事並非沒有教育意義。曾彥的妻子雖然是個勤勞賢慧，十分難得的好妻子，但是她卻在不經主人同意的前提下，擅自摘了人家的桃子，這一點是非常不對的。曾彥以他自己編寫的法典為依據提出休妻，雖然可笑，但是卻表明一點：曾彥是個誠信的人，堅持自己編寫的法律自己必須先誠實的遵守。

與人之信

明山賓誠實賣牛

明山賓，南朝梁時會稽人。曾任中書侍郎、北兗州刺史等職務。

在明山賓擔任某州從事的時候，正好那年大旱，莊稼顆粒無收，百姓沒有糧食吃，飢餓難耐，隨時都有喪命的危險。看到這些，明山賓決定打開糧倉，放糧給老百姓，以解救百姓於水火。可是，他的助手周顯良卻認為此事非同小可，必須報告朝廷。但此時災情太嚴重，刻不容緩。於是，明山賓在猶豫一下之後，毅然決定開倉放糧，並說：「如果朝廷怪罪下來，由我一人承擔。」

為了維護放糧時的秩序，明山賓約法三章：一、不排隊的關押十天；二、冒充貧苦人來領糧的關押十五天；三、多次來領糧的關押十五天。凡因此被關押的人，在其被關押期間，其家屬也不能來領糧。

告示張貼之後，百姓們大都能嚴格遵守，放糧秩序井然。一天，一個叫李虎的中年男子急匆匆的跑到領糧處，沒有排隊就去領糧食。他也是情急無奈，他三歲的兒子就快餓死了。由於李虎的行為違反了州裡的規定，負責維持秩序的衙役便不問緣由，將李虎關押起來。十天後，李虎回到家裡，看到兒子生命垂危，奄奄一息。見此情景，就大罵妻子為什麼不去領糧食。

李虎的妻子淚流滿面的說：「你還不知道啊？章法規定，一人被抓，家屬也不可以領糧食啊！」李虎一聽，頓時火冒三丈，他把滿腔的怒火都記在明山賓的頭上，發誓要明山賓家破人亡。就在這時，明山賓開倉放糧的事情被朝廷知道了，朝廷非常震怒，並派官員前來追查。對此，周顯良很擔憂，但明山賓卻心靜如水，他說：「這件事情你就放心吧。我早就說了，一切由我負責！」他吩咐周顯良繼續放糧，自己則等待朝廷發落。

令明山賓萬萬沒有想到的是，跟隨他多年的周顯良竟然暗地裡策劃陰謀。朝廷命官讓周顯良找幾個百姓瞭解情況，他找來的都是對放糧時有所不滿的人，其中就包括李虎。李虎當著朝廷命官和周顯良的面，大罵明山賓，並說出了自己的慘痛經歷。朝廷命官得知這件事後，大發雷

霆，認為明山賓私自開倉並非救民心切，而是別有用心，並當即決定將明山賓革職，且終身不再錄用。

明山賓被革職後，帶著夫人默默的回會稽老家去了。但李虎並沒有就此善罷甘休。他背井離鄉，千里迢迢去找明山賓報仇。到了會稽，他找遍了所有豪宅大院，卻沒有找到明山賓的家。其實，明山賓為官清廉，家裡根本沒有什麼財產，回到會稽後，當然也不會有什麼豪宅大院，而是住在一間茅草屋裡，度日艱難，眼下正為吃的問題發愁呢。無奈之下，他決定將家中唯一值錢的東西——一頭黃牛牽到集市上去賣。

明山賓來到集市上，往牛脖子上掛了一塊照牌，上面寫著：「此牛出賣，紋銀三兩」。過往的人看了都很驚訝：「這麼壯實的一頭大黃牛，怎麼才三兩銀子？」明山賓一經提醒，便想更改價牌，提高賣價。但一個年輕人眼明手快，搶在明山賓換牌之前，提出要買這頭牛。明山賓說一不二，就以三兩銀子的價錢將這頭牛賣給了那個年輕人。在場的人都說明山賓傻。明山賓回到家，把賣牛的經過告訴了妻子。妻子哈哈大笑說：「這頭牛能賣三兩銀子就不錯了。」原來，這頭牛幾年前就得過漏蹄病。明山賓一聽，說：「那買牛的人不是吃虧了嗎？」

於是，明山賓又匆匆忙忙趕到集市上，可是已經不見了那買牛的年輕人。沒有辦法，明山賓便四處打聽，費勁九牛二虎之力，終於找到了那個買牛的人，並反覆向他說明情況。可是，那個買牛的年輕人卻以為明山賓是嫌牛賣得太便宜了，想反悔，所以執意不肯退還，兩人就在路邊拉拉扯扯……說來也巧，這事正好讓到處尋找明山賓的李虎給撞見了。李虎一見明山賓，分外眼紅，拿出匕首，想趁機行刺。

但是，李虎看到明山賓穿的是粗布衣服，又得知他生活拮据，竟然落到以賣牛維生的地步，不由得遲疑了。而明山賓並不知道李虎與自己有仇，還誤認為他是那買牛人的親戚，便一五一十的告訴了李虎，還說：「買賣總要誠實，如果得過病的牛被當作好牛賣掉，我心裡會不安的。」李虎一聽，不由得從心裡讚歎明山賓是個真君子，於是就說出了當年的事，並請求明山賓寬恕自己。

觸類旁通

誠信是一切道德的基礎和根本，是人之所以為人的最重要的品德。誠信是發自內心的、自願的，是人的一種操守，是道德人格不可或缺的因素。一個品德高尚的人，不論在何時、何地，也不論身處何境，都不會失去誠信的美德，就像故事中的明山賓一樣。他在為官期間，講求誠信，要求百姓按秩序領糧；在他被貶為平民，生活艱苦的時候，他還是講誠信，堅持要告訴買牛人，自己的牛是一頭有病的牛，不肯將牠以好牛的價格賣給別人。

一個人如果有明山賓這樣高的道德境界，真是值得稱讚。現代社會，人們往往更注重錢財，為了追求錢，而拋棄了誠信的美德。這樣，如果每個人都喪失了誠信的美德，那麼整個社會就無誠信可言，那樣社會也將呈病態。所以，讓我們每個人都燃起心中誠信的意識，使我們的社會更加和諧、健康。

郭元振冒雪訪可汗

深州都督加安西大都護郭元振，來到蜿蜒的河西走廊後，由於立足發展生產、圍墾荒地，從此軍糧充足、士氣旺盛，獲得眾人歡心。他還在南境峽口建築和戍城，控制了深州南北通路，使原來僻靜的深州城成為中原通往西域的一大重鎮。郭元振又特別注意和西域各族部落交好，尊重他們的民俗習慣，使玉門關內外羌笛悠揚，楊柳夾行，一派友好和平的氣氛。

唐中宗神龍二年的冬天，郭元振準備出關拜訪西突厥可汗烏質勒。七十高齡的烏質勒，多年以來與唐王朝一直都保持著友好關係，使商隊暢通。因此，郭元振很尊重他，約定日子前去做一次禮節性的拜訪。

這是郭元振以封疆重臣的身分，首次和可汗見面。副使解琬建議送去一份最好的禮物，這樣可以使可汗感受大唐的真情實意。那該送什麼禮物去呢？當然總離不開黃金、珠寶和蜀錦綢緞。可是，郭元振覺得送這些都不太好。「烏質勒貴為可汗，哪能沒有這些金帛呢？」郭元振解釋說，「送得過多，反而被他輕視；過少嘛，也會讓他認為是小看了他。」

「都督的意見，還是不送的好？」解琬疑惑地說。「烏質勒是很講情義的，我們行走幾百里去拜訪他，就是最好的禮物。」郭元振詼趣地說，「如果要禮物，我這柄寶刀，是天后（武則天）賜予的，轉送給他，豈不是最好的禮物嗎？」

就這樣，郭元振拒絕了用金珠玉帛充當禮物的方法。這天情晨，郭元振和解琬一行打點行裝，準備啟程。突然間風雲四起，萬里長空飄起鵝毛般的大雪。「這雪什麼時候可以停止？」郭元振抬頭仰望，問解琬。「看來不要多久。塞上風雲，一日數變，稍過些時候就會停止了。」解琬答。他在邊城住了多年，見多識廣。

可是，正午時分，風助雪威，雪下得更大了。漫山遍野，一望無涯，都是白茫茫。這是塞上多年來少見的大雪。郭無振望望天空，果斷地下令，立刻上馬出發。「都督，雪路難行，何不另行改期？」解琬勸阻說，「我想可汗也能估計到我們不再會去的。」

「不行。我們雙方既已講定時刻，怎麼可以背信失約？」郭元振搖搖頭，表示不同意，「何況又是我先提出的。要知道，突厥人最講情義，如果連這麼小的事都失信於他，今後他還敢相信你嗎？『民無信不立』，副使博學，必定知道魏文侯的故事吧。」

「知道！知道！」解琬見主官如此認真，連忙應諾。

「當年魏文侯尚且能按約見山村隱士，我們作為大唐官員，更不能失信於突厥可汗，」郭元振言之鑿鑿，「否則又怎能統率軍民。」

郭元振等一行人終於啟程了。馬蹄踏著三、五寸厚的雪層，過了一個丘陵又一個丘陵。當天晚上，郭元振來到了突厥可汗駐紮所在地。

烏質勒和太子婆葛早在幕帳外恭候多時，見郭元振冒雪來到，趕忙迎上前去。「可汗，讓你久等了。雪深馬行遲，路上耽誤了時間。」郭元振頗感歉意，忙鞠躬作揖。

「無妨！無妨！大都督大唐貴人，事務繁忙，尚且如此講信守義，我十分敬佩。」烏質勒出自肺腑，滿懷興奮地說，「百聞不如一見，都督果然名不虛傳，真是相見恨晚啊！」

「豈敢！豈敢！」郭元振更加謙恭地說，「能與可汗竭誠相見，我也不虛此行了。」雪下得更猛烈了，烏質勒站在雪裡過久，有點頭暈。他為了不失主禮，請郭無振進帳，促膝長談，十分融洽。

天剛拂撓，郭無振尚未起床，副使解琬突然闖進，一把抓住他的手臂說：「都督快走！烏質勒中寒暴死，聽小番徒說，他的太子說是我們害了他。」「我誠心對待突厥，烏質勒雖死，他兒予總不能不講理吧。」郭元振稍稍一驚，但立刻冷靜下來，「我們到這裡來是為了友好，要讓他們知道。」

郭元振立即趕到烏質勒靈堂，跪拜大哭。「我這次來，本意是和可汗長談，哪裡想到可汗竟不幸故去，」郭元振沉痛地對小可汗婆葛說，隨手摘下了腰上繫的寶刀，「我沒有祭弔禮品，現在只能將這把刀獻給您。這把刀乃是則天皇帝所賜，權表示我的心意吧。」

婆葛被郭元振的誠心感動了，抹著眼淚說：「都督大人真是有信有義之人，難怪我父王再三誇獎，要我惟大人馬首是瞻。」

當天，郭元振和小可汗婆葛繼續在融洽的氣氛裡進行了會淡。婆葛接受了郭元振邀請，約定在喪事結束之後，他將到深州回拜。

觸類旁通

誠信乃「國之寶也」，我們古老的中國素以禮儀之邦著稱，自尊、自重，以誠待人、以信示人，是中華民族的傳統美德。曾任美國波士頓市市長的哈特先生說過：「誠信就像萬有引力定律一樣，適用於一切領域。」人與人之間的交往要講誠信，國與國之間的交往更要講誠信，誠信是交往中最為貴重的禮物。

故事中的郭元振作為大唐使節，冒雪訪可汗，充分表明了大唐的誠意，讓對方感動。當今國際社會國與國之間的利益關係錯綜複雜，要想在世界舞臺上占有舉足輕重的地位，除了要發展國內生產力的同時，更要提高自己的國際威望。那麼，講究誠信無疑是我們贏得別國好感的最好武器。

李勉誠信葬銀

李勉是唐朝人，從小就喜歡讀書，並且注意按照書上的要求去做。有一次，他外出讀書，住在一家客棧裡。正好遇到一個準備進京趕考的書生，也住在那裡。兩人一見如故，於是經常在一起談古論今，討論學問，成了好朋友。

有一天，這位書生突然生病，臥床不起。李勉急忙為他請來郎中診治，郎中開了藥方，李勉每天按照郎中的吩咐幫他煎藥，照顧有加。可是，這個書生不但沒有好轉，反而病情一天比一天惡化。看著日漸虛弱的朋友，李勉非常著急，經常到附近百姓家裡去尋找民間藥方，並且常常一個人跑到山上去採藥店裡買不到的藥。

一天傍晚，李勉挖藥回來，先到朋友的房間看看，發現朋友的臉色稍微好了一些。他心中一陣歡喜，關切的走到床前問：「大哥，你好些了吧？」那書生說：「我想，我剩下的時間不多了，臨終前我有一件事情拜託你。」李勉連忙安慰說：「哥哥別胡思亂想，今天你的氣色很好，只要你靜心養病，不久就會好的。你有什麼事情就說吧，我一定盡力去給你辦。」書生說：「請你幫我把床下的小木箱拿來，幫我打開。」李勉按照書生的吩咐，打開了小木箱。

書生指著木箱中的一個包袱說：「這些日子，多虧你無微不至的照顧。這是一百兩銀子，本來是我赴京趕考用的盤纏，現在我用不著了。我死了以後，麻煩你用其中的一些銀子給我買口棺材，將我安葬，其餘的就送給你，算我對你的一點心意。請你千萬要收下，不然的話，我到九泉之下也不會安寧的。」李勉為了讓書生安心，就答應了他。

第二天早晨，書生去世了。李勉按照他的遺願，買來棺材，靜心料理他的後事。剩下了許多銀子，李勉一點也沒有動，而是細心的把它包好，悄悄的埋在棺木下面。不久，書生的家屬接到李勉報喪的書信後趕到客棧。他們移出棺木後，發現了銀子，都很吃驚。後來，書生的家裡人知道了李勉葬銀的始末，都為他的誠實守信和不貪財而感動。

後來，李勉在朝廷做了大官，他仍然廉潔自律、誠實守信，深受百

姓愛戴。

觸類旁通

「富貧常交替，誠信久安寧」。貪財之人少誠信，誠信之人不貪財。李勉精心照顧那位新結識的朋友，為他料理後事，並且將朋友臨終前奉送給自己的銀兩埋於棺木之下，這是真正的誠信之舉。

李勉之所以那樣做，是因為他留下朋友奉送的銀兩雖然無人知曉，也並沒有什麼不妥，但是對於一個誠信的人來說，自己心裡也會感到不安。有些人為牟取錢財而不擇手段，別說什麼誠信，就連最基本的人性都失去了。在李勉的誠信面前，所有人都應該脫帽致敬。

陸元方賣房講誠信

朝大臣，他為官清廉，為人誠實守信。陸元方在洛陽城外有一所有名的宅院——錦繡園。宅內有亭臺樓榭、小橋流水，既雅致又幽靜，是個難得的好居所。

陸家當初建造這座宅院是打算世代居住的。可是後來家道中落，生活入不敷出，於是，陸元方就和陸寅、陸卯兩個侄兒商量，賣掉錦繡園，以緩解家中目前的窘境。很快，陸元方要賣錦繡園的消息不脛而走，兩個商人立即找上門來。陸元方直言不諱的說出賣房的理由，兩個商人擔心他會因此而開出天價。誰知陸元方卻說：「這個錦繡園是當初我和兄長一手建造的，打算世代居住而非賣品。我雖然家道中落，現在有些困難，也無意去靠它賺錢，就按當時成本折七成計算，給紋銀六千兩吧。」

兩個商人一聽，大喜過望，甚至不敢相信自己的耳朵，當場講定買

下。他們怕陸元方反悔，急忙掏出五十兩銀子塞給陸元方，作為訂金。雙方約定三天後正式交易。

兩個商人走後，陸元方獨自一人漫步在庭院內。他看著院內草木茵茵、流水潺潺，不禁長歎一聲。這時，陸寅、陸卯急匆匆的趕來說太守請他到府上一聚。

陸元方狐疑的來到太守府，不知是福是禍。太守開門見山的說出了自己的意圖：太守夫人身體欠佳，想找個清靜幽雅的地方休養，找遍了洛陽城外所有的房子，只看中了陸家的宅院，心儀已久，只是不便開口，如今聽說要賣，自然求之不得。

太守非常爽快的說：「你開個價吧！」陸元方卻滿懷歉意的說：「大人，我的宅院已經有買主了，雖然現在還沒有正式交易，但是買主已經交了訂金了。」太守堅持要買，並說願意開出雙倍的價錢。但陸元方還是婉言謝絕了，並堅定的表示：答應別人的事情，一定要講信用。太守滿臉不高興，讓陸元方再回去好好想想。

當夜，陸元方左思右想，輾轉難眠，第二天一大早就去了太守府。太守一見，喜笑顏開，以為他回心轉意了，出人意料的是陸元方仍舊不改初衷。這回太守真的生氣了。他大罵陸元方忘恩負義，說：「當年要不是我秉公斷案，你們陸家早就株連九族了！」陸元方一臉尷尬地跪下，但違約的事情堅持不幹。

太守要買房的消息被陸元方的老母親知道了，她怒氣沖沖的質問陸元方：「你可知道：滴水之恩，當湧泉相報！太守想買這座宅子，別說賣，就是白送，我們也該毫不吝嗇。」陸元方「撲通」跪下，向母親說明不能把宅院賣給太守的理由：「您和父親從小就教育我們，『言必信，行必果』，『一言既出，駟馬難追』，不能失信於人。如今，我已經將宅院賣給了別人，又怎麼能言而無信呢？」陸母一時語塞。

與此同時，外界紛紛傳揚：錦繡園賤價出售，一定有什麼不可告人的隱情。那兩個商人聽到後，心裡犯起了嘀咕，決定去看看，然後再決定也不遲。他們來到錦繡園仔細勘查了一番，並沒有發現什麼異常，於是還是決定買下這座宅子，並打算在那裡開一間酒樓。到了約定的日子，陸元方一聽他們是準備開酒樓，立即提醒說：「不行！不行！這宅

院不能開酒樓，因為沒有出水的地方。」兩個商人一聽有些失望，只好忍痛割愛了。

正當全家人為一時沒有賣出房子而煩惱的時候，那兩個商人再次登門，要求買下錦繡園。原來，那頭陸元方毫不避諱的說出了房子的缺陷，令他們很感動，並使他們堅信這宅院不會再有其他缺陷了，於是決定把它買下來開個綢緞莊。

觸類旁通

誠信的基本涵義就是誠實無欺、踐諾守約，誠信所體現的是信守承諾的責任感和對自身言行負責的道德感。誠是信的基礎，一個人只有首先做到誠實不欺，才能得到別人的信任，否則如果連最基本的誠實都沒有，別人的信任從何而來呢。

要真正做到誠實守信也絕不是那麼簡單的事情，從陸元方賣房子這件事來看，他便遇到了「長官意志」的威逼利誘和「三人成虎」的從眾心理這兩大困難。在這種情況下，陸元方能夠力排眾議，堅持誠信賣房，實屬難能可貴，是我們的最好榜樣。

【原來如此講典故】

一言既出，駟馬難追

【解釋】一句話說出口，就是四匹馬拉的車也追不上。比喻話已說出口，難再收回。引申為說出的話不會更改，表信守之意。

【出處】論語‧顏淵：「惜乎！夫子之說君子也，駟不及舌。」

崔樞誠信葬珠

唐順宗的時候，有個名叫崔樞的讀書人去考取功名，曾經在譙郡的一個客棧裡，與一個渡海經商的南洋商人住在一起。那南洋商人飄洋過海，長途跋涉來到中國，一路顛簸，疲憊不堪，又不習慣中國的生活，在譙郡住下後，很快就病倒了，而且病情越來越嚴重，以致臥床不起。

崔樞是個熱心人，不但沒有因為此人有病而厭煩他，反而百般照顧，那南洋商人的病情卻仍然不見好轉。他預感到自己將不久於人世，便對崔樞說：「這些天來，承蒙您照顧我，不因為我是外國人、病人而厭棄我。如今我病成這個樣子，回不了家，恐怕也難以治好了。我們民族重視土葬，如果我死了，您能不能為我買口棺材，辦辦後事呢？」崔樞見他病得這樣嚴重，又遠離故土，心中也十分難過，便說：「你儘管放心養病，萬一有什麼不測，我一定會按照你們民族的習俗來安葬你。」

那南洋商人熱淚盈眶，氣喘吁吁的拉著崔樞的手說：「您對我恩重如山，可是我無以為報，我身上只帶了一顆稀世寶珠，請允許我將它送給您作為報答吧！」說著，便把一顆碩大的寶珠放在了崔樞的手中。崔樞手捧寶珠，對南洋商人說：「我們相識是緣。你生病了，我照顧你，這是理所當然的。你千萬不必太在意，更不要再說什麼報答不報答的了。再說，我是個窮書生，奔走於各州郡之間，居無定所，怎麼能收藏如此貴重的珠寶呢？」

那南洋商人又說：「是的，我們能夠相識，這是緣分。您能如此這般的照顧我，我真的非常非常感激。不過，我現在已是要死的人了，家又遠在海外，我留著這顆寶珠也沒什麼用了，您就把它留下做個紀念吧！」話音剛落，那商人就嚥氣了。南洋商人死後，崔樞按照他的囑託，買了棺材，請人幫助裝殮了他的屍體。崔樞趁人不注意，把那顆寶珠也放進了棺材裡，然後就把他抬到郊外埋葬了。

一年後，那南洋商人的妻子到譙郡來尋找丈夫，得知丈夫已死，便查問那顆寶珠的下落。她懷疑是崔樞拿走了寶珠，於是就報了官。官府派人追捕崔樞。官府的人抓到崔樞，崔樞對他們說：「那南洋商人的確

有一顆寶珠，他要送給我，我沒有要。如果那南洋商人的墳墓沒有被盜的話，那顆寶珠應該還在棺材裡。」官府的人立即開棺檢查，寶珠果然在裡面。

崔樞濟人之困不求回報的事很快就傳開了。地方長官認為崔樞品德高尚、節操過人，便很想請他做幕僚，可是崔樞卻堅決不同意。第二年，崔樞參加科舉考試，做了秘書監。

觸類旁通

崔樞是一個誠信無私的君子，南洋商人病了，崔樞百般照顧，這是熱誠；南洋商人以寶珠相報，崔樞拒收不圖報，這是無私；南洋商人臨終前請求崔樞在他死後以其民族習俗安葬，崔樞答應了他的請求並做到了，這是守信；南洋商人的妻子追查寶珠的下落，崔樞告之在棺中並且真的找到了，這是誠實。

做人不能為了錢財或者利益而忘記了講求誠實信用，這並不是擔心像故事中的崔樞那樣會被南洋商人的妻子追後帳那樣的情況出現，而是一定要對得起自己的良心，一定要講誠信、守信用。

張去華燒契約

張去華，北宋人。建隆二年，他在科舉考試中被宋太祖趙匡胤親自點為頭名狀元。可是，由於他為人耿直，不善於巴結奉承別人，因而一直得不到提拔。

有一天，他陪太祖趙匡胤出遊，宋太祖問起他的父親，得知張去華的父親雖然因為得罪權貴而被貶官，但是卻始終教導張去華做人要正直，為國出力。宋太祖聽了，有心提拔張去華。不久，張去華被任命為道州通判。

在道州，有一天張去華無意間看中了一座房子。這座房子前後花木掩映，還有一個很大的蓮花池，是一個飲酒吟詩的好地方，張去華有心把它買下來。經過仔細打聽後，得知房主正急需用錢，五百兩紋銀就肯賣了，於是張去華就出錢把它買了下來。

張去華在這座房子裡宴請賓客，賞月吟詩，生活得非常舒心。一天夜裡，他見月色很好，就又走到後院，在蓮花池旁賞月。忽然，他聽見院牆外有個婦人在哭泣，而且聲音非常淒慘。張去華心想，一個婦人夜間悲泣，肯定有什麼傷心事，說不定自己可以幫忙。於是，便推開後院的門出去看個究竟。

來到門外，張去華看見一個老婦人正倚牆掩面哭泣。他走上前去問道：「老婆婆，您有什麼傷心事嗎，跟我說說吧，說不定我可以幫您呢！」老婦人傷心的說：「唉，都是我那不爭氣的兒子。」然後擦擦眼淚繼續說道：「這房子原本是我家的祖宅，祖輩已經傳了一百多年了。可是我那兒子遊手好閒，吃喝玩樂，把我丈夫留下來的錢都揮霍光了。前兩天，他又賭輸了五百兩銀子，不得不把祖屋賣了還債。可是，我在這宅子住了幾十年了，快要入土的時候了，卻又搬了出去，心裡難過，就從鄉下回來看看，唉！」

張去華想了想說：「這宅子是我買的，您不要再傷心了，以後我再把房子還給您。現在天色晚了，您就先在這裡暫住一宿吧！」老太太以為張去華是在安慰自己，沒有把還房子的事當真，但是她很想在這裡再住一夜，於是就點頭答應了。

第二天一早，張去華派人去叫老太太的兒子，命令他馬上改掉吃喝玩樂的壞毛病，重新做人，靠勞動掙錢，好好奉養母親；如果能夠做到，就把買房子時簽的契約燒掉，把房子還給他們母子。老太太的兒子對自己以前的惡行也很後悔，從那以後真的改掉了壞毛病，靠自己的勞動掙錢養活母親。於是，張去華就拿出契約，按照當初的約定，當著母子兩個的面把契約燒了，自己搬出了那座宅子。

張去華的誠心做人、清廉為官，贏得了當地百姓的好評。

觸類旁通

誠實守信是做人之道，同時也是為官之道。張去華是一個身居高位的大官，但是如果他不親民愛民就不會去在意一個老婦人的哭泣，不親民愛民就不會有對老婦人之子的訓誡，不親民愛民就不會有燒毀契約、歸還宅院的約定。

同時，張去華也是誠實守信的，以他的權勢和地位，他沒有必要向一個老百姓履行什麼諾言、講求什麼誠信，但事實上張去華恰恰做到了這一點，這是我們現在的許多為官之人最欠缺的。

陳堯咨知錯取馬

陳堯咨，北宋時期翰林學士。他很喜歡馬，家裡養了許多的馬，而且如果見到好馬，他一定會想辦法把牠買下來。後來，他又買了一匹烈馬。那烈馬脾氣暴躁，好幾個馴馬師都不能駕馭牠，還踢傷了很多人。

有一天早晨，陳堯咨的父親走進馬廄，沒有看到那匹烈馬，便向馬夫詢問那匹馬去哪裡了。馬夫說：「翰林已經把馬賣給一個商人了。」陳堯咨的父親問道：「那商人把馬買去做什麼？」馬夫說：「聽說，是買去拉車運貨。」陳堯咨的父親又問：「翰林告訴那商人這是匹烈馬了嗎？」馬夫說：「唉，老爺，要是跟那商人說這匹馬又咬人、又踢人，人家還會買嗎？」陳父很生氣的說：「真不像話，竟然敢欺瞞人。」說完，氣呼呼的走了。

陳父找到陳堯咨，問道：「你把那匹馬賣出去了？」陳堯咨得意的說：「是啊，還賣了個高價呢！」父親生氣的說：「混帳東西，你身為朝廷重臣，竟然也敢欺瞞人。太不像話了！」陳堯咨說：「我又沒強迫他買，馬是他自己看中的，他願意買，我當然賣了。這怎麼能說是騙呢？」父親又問：「那你為什麼不告訴人家這是匹烈馬？」陳堯咨嘟囔著說：「馬擺在那裡，他隨便看，他自己看不出來馬性子烈，這怎麼能怪我呢？」

父親更生氣了，說：「你這麼多年的書都讀到哪裡去了，難道你沒聽說過『不欺買主』的故事嗎？」兒子搖搖頭。父親說：「都是我的過錯，你小的時候，我光顧著教你讀書誦經，很少教你怎麼做人。現在，我就給你補補課，教你如何做人。」接著，陳父就給兒子講了唐武則天時宰相陸元方賣房的故事。陳堯咨聽了低下了頭，父親接著說：「你手下那麼多馴馬的高手都管不好那匹馬，一個到處流動的商人怎麼能養得了牠呢？你不把事情的真相告訴他，這不明擺著欺瞞人家嗎？」

陳堯咨聽後，羞愧的說：「爹，您別生氣了，我知道自己錯了！我這就去找那買馬的人，讓他再把馬退回來。」說完，陳堯咨就找到那個買馬的商人，向他說明了原委，把錢退給了買馬的人，自己把馬牽了回來，一直把那匹馬養到死。

觸類旁通

人們在賣東西的時候，總是希望賣個高價，哪怕是自己的貨物很難拿得出手，也要想盡一切辦法來隱瞞事實。可是如果一旦賣方得逞，買東西的人可就吃了大虧，不僅花了很高的價錢，還沒有買到稱心如意的貨品。

陳堯咨起初就是這樣的一個賣主，但是在聽取了父親的教誨之後，他馬上改正了自己的錯誤，不僅為自己爭取到一個改正的機會，還為商人挽回了不應有的損失，可謂兩全其美。這種誠信之舉確實是非常可取的。

范仲淹信守諾言

范仲淹青年時期，曾在三思書院讀書。他雖然出身貧寒，但由於其功課非常出色，深得李先生的賞識。這位李先生是一位知識淵博、精通陰陽五行的術士。由於他長期研究煉金術，勞累過度，最終吐血而死。

臨死前，李先生交給范仲淹一個包裹，包口用火漆封得嚴嚴實實的，還加蓋了印章，託付說：「這裡面有一張祖傳的煉金祕方，我託你代為保管，等見到我兒子時交給他。」范仲淹鄭重的答應了。

范仲淹為李先生料理完後事，就進京趕考了。一路上，他並沒有注意到一個戴斗笠的跛腳人一直尾隨著他。走到荒無人煙的郊外時，一個戴斗笠的跛腳人突然從草叢中竄出，手持大刀，逼迫范仲淹交出煉金祕方。

范仲淹跟那個人裝糊塗，說自己根本不知道什麼煉金祕方。戴斗笠

的跛腳人大笑說：「我親眼看到李先生將一包白金和祖傳煉金祕方交給了你。你不要裝糊塗了！」說著，那人摘下斗笠，范仲淹這才發現，這個人竟然是自己的同窗。原來，那人那天在門外偷聽到了李先生的遺言。

范仲淹無奈，趁其不備，拔腿就跑。跛腳人並不善罷甘休，就在後面緊追不捨。最後，范仲淹被逼到了懸崖邊。眼看就要被跛腳人抓到了，范仲淹心想，哪怕是自己死了，也不能把別人所託之物落入這樣的黑心人之手！於是，范仲淹毅然跳崖。也許是命不該絕，范仲淹跳下去後，正好被掛在懸崖峭壁邊的一棵大樹上，倖免於難。當時，他手裡還緊緊的攥著那只包裹。

大難不死的范仲淹來到京城。一日，他目睹得寵的李太監欺壓百姓，非常氣憤，就說了幾句公道話，不想卻遭到毒打，差點喪命，幸而被王大人遇見，討了個人情，將他救下來。

王大人見范仲淹傷勢很重，便把他帶回家中療養。兩人一見如故，成了「忘年之交」。在一次閒談中，范仲淹驚奇的發現，王大人竟然是已故李先生的同鄉，而且還是兒時情義甚篤的好友。有了這樣一層關係，范仲淹便把先生託付給他的事情告訴了王大人。

京試放榜了，范仲淹高中進士，王大人親自為他設宴慶賀。而與此同時，范仲淹的同窗——那個跛腳人卻投靠了李太監，成了他的心腹。跛腳人將煉金祕方的事情告訴了李太監，並說起了范仲淹。李太監恍然大悟，立即奔去王大人府上。

李太監一見范仲淹，發現他竟然是自己曾經毒打的那個人，不禁有些尷尬，但隨即又恢復了本來面目，開門見山的說：「我聽說了，李先生的煉金祕方在你手上，快把它交給我，我保證你一生榮華富貴，享受不盡！」范仲淹一口拒絕了。他說：「我並不知道什麼煉金祕方，我只知道李先生在臨終前給了我一個包裹，要我交給他的兒子。」李太監無功而返，心裡很不高興。

跛腳人於是獻出一計：明的不行，就來暗的。深夜，一個黑影溜進了范仲淹所住的房間，偷走了包裹。拿到包裹的李太監欣喜若狂，不料跛腳人卻拔出匕首，刺向李太監……跛腳人急忙打開包裹，一下子傻了

手，所以才事先調換了包裹。

們衝了進來，逮住了跛腳人。原來，范仲淹早就料到李太監會有這麼一

眼：包裹裡根本沒有什麼煉金祕方，而只有一團破布。就在這時，侍衛

又過了幾天，一個自稱是李先生兒子的少年來到王大人府上，投靠王大人。范仲淹回憶先師臨終前的情景，那少年立即追問：「那家父有沒有留下什麼東西？」王大人立即讓范仲淹轉交遺物。范仲淹遲疑了一下，回房間取出包裹交給那個少年。

當夜，那少年悄悄來到王大人的書房，將包裹交給了王大人。王大人得意忘形的大笑：「我終於如願以償了！李太監只知道蠻幹，最後丟了小命；我巧用計謀，神不知鬼不覺就把祕方弄到手了。范仲淹那小子現在還蒙在鼓裡呢！」

王大人的話音剛落，門「砰」的一聲被腳踹開了，范仲淹憤怒的站在門口，大聲斥責說：「真想不到，你連同鄉好友託給孤兒之物也要豪奪！」不料，王大人卻哈哈大笑起來！原來，同鄉、好友、李先生的兒子……這一切都是他靜心策劃、胡編亂造的。范仲淹這時才明白：他自始至終都中了王大人的圈套了！但是，他除了憤怒之外，卻還有一絲慶幸……

王大人急切的打開包裹，不想裡面竟是一些雜物。這時，該輪到范仲淹哈哈大笑了，他說：「你的謀劃確實天衣無縫，只可惜你求物心切，最後一步棋下得太倉促了！但凡為人子者，聞知父親去世，當會號啕大哭，可是這位公子自稱是恩師的兒子，聽說父親死了卻毫無表情，而是追問有無遺物，這怎麼能不讓我起疑心呢？」王大人聽完，頹然癱倒在地。

三年以後，范仲淹信守諾言，歷經艱辛，終於找到了先師的兒子，將珍藏的包裹親自交給了他。那包裹上面，當年的火漆和印記聞風未動。

觸類旁通

誠實守信是一種高尚的品德，也是一個人立身的根本。青年范仲淹為人誠實，信守諾言，歷經艱辛，終於把先師所託之物——祖傳的煉金祕方，完好的交給到了先師的兒

子手上。范仲淹為了完成先師的遺命，歷盡艱辛，這告訴我們，守信有時候並不是一件容易的事情，范仲淹就經歷了生命的考驗、榮華富貴的誘惑，和陰謀詭計的欺騙。為了保持自己誠信的品德，有時需要付出艱苦的代價，儘管如此，我們還是不能放棄，堅持就是勝利。

黃裳誠信還珍珠

黃裳，南宋時隆慶府人。他從小聰明好學，文章也寫得好，是鄉裡有名的神童。黃裳不僅學問高，人品更是沒得說。

一次，父親派他到城裡辦事。夜晚，黃裳就在一家小客棧住了下來。由於趕了一天的路，非常疲憊，他洗漱一下就打算熄燈上床，早早就睡了。躺在床上，黃裳覺得腰部好像有什麼東西硌著自己。用手一摸，是席子下面有個硬邦邦的東西。他翻身下床，揭開席子，藉著月光一看，原來是個裝著東西的布袋子。

黃裳心裡琢磨，一定是前面住在這的客人忘記的，於是就點燃燈，想看看裡面裝的是什麼。他打開繫布袋口的繩子，隨手把布袋子往桌上一倒，只聽見「嘩啦」一聲，黃裳立刻愣住了：原來布袋裡倒出來的是一堆珍珠，足足有上百顆，有幾顆還落在了地上。黃裳連忙把落在地上的珍珠撿起來，又把桌上的珍珠裝進布袋。他擔心有遺漏，就又重新查看了地上、桌上，確定沒有失落的，這才把布袋紮好，放在枕頭底下。

他熄滅了燈，重新上床睡覺，可是此時他卻沒有了一絲睡意。他心想：我長到快二十歲了，還從來沒有見過這麼多珍珠，幾百顆珍珠放在眼前，發出燦燦的光芒著實好看，誰見了誰都會心動啊！我該怎麼處理它們呢？是自己收起來，還是把它們還給它們的主人。

經過了一夜的思索，第二天一早，黃裳起床後，立刻從店裡借來筆墨，在留言牆上寫道：「某年某月某日，隆慶府人黃裳曾住此店某號房間。」店小二見狀，心裡覺得好笑，又不是什麼達官顯貴、名人雅士，題這些破字幹什麼！

黃裳收拾好東西準備上路，臨行前，他對店主人說：「如果有人到貴店找珍珠，請他到城裡來找我。」接著，又詳細說明了自己的地址和姓名。

他到城裡沒幾天，就有人來找他，說自己是珍珠的主人。黃裳說：「珠子的確在我這裡，但是我們得找個地方對證一下，防止被人冒領。」於是，他們來到官府，當堂對證。那人說了珠子的數目，官府官員親自查看了珠子的數目，和那人說的一點不差，這才把珠子還給那個人。

失主非常感謝黃裳，想送他幾顆作為答謝，黃裳說：「我要是想要那些珠子的話，你就一顆也得不到了。我既然把珠子還給了你，就一顆也不會要。」這件事傳揚出去，人們都稱讚黃裳是個誠信的君子。

觸類旁通

誠實守信是一種美德，它是比黃金和珠寶更貴重的東西。丟了它，就丟了人的根本。拾金不昧也是一種美德，它與誠實守信密切相關。一個不講誠信的人絕不會有拾金不昧的舉動，一個拾金不昧的人則往往是一個誠信的人。黃裳誠信不貪財，把珍珠悉數還給主人，實在值得稱讚。

黃裳面對那麼一堆珍珠，都沒有動心，可見他是一個真君子。換作其他人，可能早就悄悄的把珍珠藏入自己懷中了。雖然你的行為可能永遠也不能被大家發現，但是事實上你已經丟了拾金不昧的美德，以及做人的根本。

宋濂守信好學

宋濂小的時候家裡很窮，沒有錢讀書。酷愛讀書的他只能向有藏書的人家借書來看。每次借閱，他總能按講好的期限及時歸還，所以人們都樂意將書借給他。

一次，宋濂借到一本好書，越讀越喜歡，於是他就決定把它抄下來。可是，還書的期限快到了，為了能夠按時歸還，他就沒白天沒黑夜的抄書。當時正值隆冬季節，天寒地凍，寒氣襲人。宋濂家裡又沒有什麼取暖設備，他的小手凍得冰冷僵直。他不得不放下筆，將手伸開、握攏，再伸開、再握攏，或是把雙手放在嘴邊哈氣，等手稍微暖和一點，再接著抄。

宋濂的母親一覺醒來，發現兒子的屋裡燈光還亮著，就掀開門簾進來說：「孩子，你怎麼還不睡覺啊？都後半夜了，天這麼冷，小心凍壞了身子。」宋濂答道：「娘，我抄書呢！」娘說：「今天太晚了，趕快睡覺吧，明天再抄。白天天氣暖和些，屋裡也亮堂。」宋濂說：「明天來不及了，我答應明天還書的，今天晚上必須抄完才行。」娘又說：「他們家有那麼多的書，不會急著要這本書看吧？」「那倒是！」宋濂一邊抄書，一邊回答，「不過，不管人家是不是等著看這本書，到期了就要歸還人家，一天也不能耽誤。」

宋濂的母親見他堅持要繼續抄，也就沒再說什麼。就這樣，宋濂一直抄到了天亮，總算把那本書抄完了。白天，他把書還給了主人家。那人接過書一看，乾乾淨淨，不捲不折，還是那麼平整，非常高興，就對宋濂說：「快過來看看，這一排都是好書，你想借哪一本就隨便挑吧。」

長此以往，宋濂借閱了許多書，大大增長了學識。宋濂漸漸長大，意識到只靠自己埋頭苦讀，書中許多重要的地方不能領會，需要有人指點。於是，他決定去尋訪明師。很快，宋濂打聽到一位很有學問的人，並和他約定了拜望的時間。

那位學者的家很遠，不巧的是，就在出發前幾天，接連下起了鋪天蓋地的大雪；好不容易等到天晴了，卻又颳起了強勁的西北風。風捲積雪，天地間一片白茫茫。人們都躲在家裡，路上幾乎看不到行人。

這天一大早，宋濂就裝好書箱，捆好鋪蓋，準備出發了。母親見了大吃一驚：「兒子，這麼大的風雪，你怎麼能出遠門呢？」宋濂說：「娘，今天不出發，就會耽誤了拜師的日子。」母親勸他說：「兒子，你想想，去老師那裡得經過深山大谷，山裡的雪恐怕更深了，哪能邁得動步啊！再說，你就穿這麼一件舊棉襖，難以抵禦寒氣呀！」宋濂說：「娘，約定好了拜師的日子，我做學生的怎麼能失信呢？再大的風雪我也得去！」母親又勸他說：「兒子，碰上這樣的天氣，就是遲到了，老師也不會責怪你的。」「老師可能不會責怪我，這個我也明白。可是我必須守信用，不能因為老師不會責怪我就失信啊！」說完，宋濂就告別了母親，冒著刺骨的寒風上路了。

經過幾天的艱難跋涉，當宋濂準時到達老師那裡的時候，渾身都快凍僵了。老師見了，感動得連連稱讚：「這年輕人，守信好學，將來一定能成才！」後來，宋濂果真成了一代名臣。

觸類旁通

有人曾經說過：「擁有誠信，也就掌握了成功的方法。」可見誠信在一個人成才的道路上是多麼的重要。宋濂的故事告訴我們，宋濂之所以能夠成為知識淵博的一代名臣，從根本上說，就是因為他具有誠實守信和堅忍不拔的品格。

我們要記住一點，誠實守信，是人與人之間交往時應該遵守的一項十分重要的準則，更是獲得成功的重要方法。只有你以誠信示人，別人才可能把自己的知識和學問交給你。所以說，老老實實做人、踏踏實實做事，就一定會贏得別人的肯定，不要妄想透過什麼不正當的手段獲取某些不屬於你的東西，到最後你還是失敗者。

【原來如此講典故】

好學不倦

【解釋】喜好學習而不知疲倦。

【出處】論語・雍也：「孔子對曰：『有顏回者好學，不遷怒，不貳過。』」

史記・楚世家：「昔我文公，狐季姬之子也，有寵於獻公，好學不倦。」

詹谷誠信守諾

清朝乾隆年間，四川萬縣的一個姓陳的老人在上海崇明島開了一家當鋪，需要請一個夥計幫忙，於是就寫了一張招人啟事，貼在了當鋪門口。不幾天，一個三十歲上下的年輕人走進當鋪裡。陳老闆見有客人到，忙問：「先生，有什麼事嗎？」年輕人拱手行禮道：「聽說老先生當鋪裡需要人手，我是看到門口的招人啟事，特來應徵的。」

此人就是本故事的主角——詹谷。詹谷也曾做過商人，精通典當業，因為家境貧寒，不得不出外謀生。老人見他相貌堂堂，一副忠厚相，但又不缺乏精明，很有好感。再問他一些關於典當行業的知識，他也能對答如流，老人很是喜歡，就決定留下他試用。詹谷在陳老闆的當鋪十分勤勉，待客很誠懇熱情，頗得顧客好評，當鋪的生意也越來越好。更可貴的是，凡是詹谷經手過的財物，他都把來龍去脈記得一清二楚。半年下來，陳家當鋪獲利豐厚。

陳老闆正在高興之際，收到了一封家書，說他的妻子病重，要他火速趕回老家。陳老闆心急如焚，忙著要回家，就把當鋪裡的事情都交付給詹谷。詹谷說：「先生，這當鋪中的事我獨自料理恐怕……」陳老闆忙說：「詹谷，我懂你的意思。我也照實說了，如果你是新來乍到，我可能不瞭解你，但現在你已經來半年多了，我觀察你是個誠實的孩子，萬事就拜託你了，你不要再推辭了！」詹谷見老闆這樣信任自己，也就不好再推辭，就說：「老闆，謝謝您的信任，當鋪的生意我會盡心維持，您放心吧。只是你要快去快回啊。」

有了詹谷的這句話，陳老闆就放心的走了。他先乘船到漢口，再轉船沿江而上，一路關山阻隔，道路梗塞，輾轉日久，才到家裡。陳老闆本來身體就不好，再加上旅途勞頓，回到家後便一病不起，不久就去世了。

上海崇明與四川萬縣相距千里，關山重重，訊息不通。陳老闆走後，詹谷獨自一人挑起了經營當鋪的重擔，不敢有絲毫懈怠，因此當鋪經營得很好，大有發展。只是這期間詹谷的家人很思念詹谷，詹谷也很想回家看看，但因為陳老闆沒有回來，所以一直也沒能回去。還有人勸

詹谷說：「你看陳老闆這麼久都沒回來，說不定出了什麼事情了。你經營當鋪這麼好，不如自己拿了錢財，自己開一家好了，何必在這裡傻傻給別人幹活呢？」詹谷說：「陳老闆臨走時，千叮嚀、萬囑咐，把當鋪交給了我，我不能辜負他啊！」

時光似箭，日月如梭，一晃十年過去了。一天，當鋪突然來了一個年輕人，與陳老闆相貌十分相似。詹谷一問，原來是陳老闆的兒子。詹谷見了陳家公子，不禁大喜，忙問：「陳先生可好，什麼時候回來？」陳公子說：「家父自從從這裡回去後就染上了重病，不久就去世了。當時我還年幼，無法前來。這些年，實在有勞您了！」詹谷一聽陳老闆已經去世多年，想起他的知遇之恩，心裡一陣難過，不禁潸然淚下。

過了一會兒，詹谷鎮定下來，從木櫃裡取出十年來的帳簿。陳公子看了一下，見所記帳目清清楚楚。然後，詹谷又帶陳公子清點了實物，一一交接清楚。陳公子大受感動，立即算清了詹谷十年的薪水，並另贈他四百兩銀子。詹谷收下十年的薪水，但對贈送的銀子卻堅決不收。他說：「受人之恩，理當相報；受人之託，理當守諾。我只是做了我應該做的事情，你也不必再言謝了。只是我已經離家十年，如今你來了，請允許我回去與家人團聚吧。」

詹谷臨行前，還向陳公子殷殷叮囑當鋪的業務，然後背起自己簡單的行李，告辭而去。陳公子十分惋惜未能留住詹谷，他看著詹谷遠去的背影，自言自語的說：「真是誠信的君子啊！」

觸類旁通

受人之恩，理當相報；受人之託，理當守諾。這是中華民族的傳統美德，無論到什麼時候都是適用的。詹谷受陳老闆之託，為其管理當鋪，而且把當鋪經營得非常好。更為可貴的是，他為了信守承諾，竟然用去了十年的時間，真是不容易啊。

換作其他人，很可能一年半載就走了，或者乾脆把老闆的財務捲跑，但是詹谷沒有這樣做。像詹谷這樣的人，在當今社會實在是非常的少了，他可以為了自己的諾言，而放棄與家人團聚的時光。現代社會，人們更多的是為自己著想，而忽視了誠信的意義，所以大力提倡誠信意識，十分必要。

【原來如此講典故】

受人之託，終人之事

【解釋】一旦接受他人的請託，就應該自始至終將其所託之事完成。今人多作「受人之託，忠人之事」。

【應用】金瓶梅第五十六回：「受人之託，必當終人之事。我今日好歹要大官人助你些就是了。」

吳士東亂世守誠信

吳士東，清代徽州商人。順治、康熙年間，他在蘇州閶門外開了一個小店鋪。順治十六年，太平天國軍攻陷蘇州城，城裡百姓驚恐萬狀，許多商家也紛紛關門，四處逃散了。

就在這個時候，一個江西的商人滿載著絲棉織品的貨船駛進了蘇州城。本來他的主要主顧都是蘇州的商家，蘇州地區經濟繁榮，做生意可以賺大錢。這次他本想多運些貨物來這裡交易，一定可以賺上一大筆錢。可如今他看到蘇州城裡冷冷清清的樣子，感到這筆生意遠遠不像自己想像中的那樣輕而易舉。他的船就停在閶門外的河中。江西商人走下碼頭，踏上小橋……沒過一會兒，他又回到了碼頭上——以前他的老主顧大都棄店而逃了，他這滿滿一船的貨物該發給誰啊？江西商人一籌莫展。正在他走投無路的時候，江西商人一眼看到了吳士東的小店，於是便走了過去。

江西商人對吳士東訴說了自己的難處，想請吳士東幫忙，把他這批貨留下。吳士東說：「我這間小鋪子，囤不了這麼多貨啊！」江西商人著急的說：「能囤多少就囤多少吧，剩下的扔掉也行。不然，要我自己扔，我實在不忍心啊！」說完，江西商人就讓人卸下貨物，急匆匆的離開了這是非之地。

在這以後的一年多時間裡，吳士東東奔西走，把江西商人的貨散發給各地商家。世道太平了，當吳士東碰到再次來蘇州的江西商人時，第一件事情就是把上次的貨款交到他的手中，江西商人感動不已。

此後，吳士東的鋪子雖然還是那麼小，當時各地商家都願意和他交易，他們想親自感受一下吳士東的誠信，並對這樣的誠信表達一種尊敬和嚮往。

觸類旁通

誠信是最好的競爭手段，守信是最吸引人的品德，各行各業都有競爭，商業是競爭比較激烈的行業之一，要想在激烈的商業競爭中立於不敗之地，就必須始終堅持誠實守信的經營之道。

有調查說，五十年來，百分之九十的成功生意人都是正直和誠實的人，那些不誠實的生意人雖然剛開始可能會發財，但最終還是逃不過失敗的命運。在我國歷史上，徽商之所以能稱雄商界幾百年，一個重要的原因就是在於其始終遵循著誠實守信的經營理念。

胡雪巖助人亦助己

胡雪巖年輕的時候，在杭州一家錢莊裡當學徒。一天下午，胡雪巖一個人守在店堂裡，與往常一樣，依舊是翻書識字，有顧客來時，他就放下書，上前去打招呼。

這天下午，錢莊裡來了位名叫王有齡的客人，是一個窮困潦倒的書生。胡雪巖與他並不熟識，但經過一番閒聊之後，胡雪巖發現這個窮書生很有才華，也很有抱負，他斷定這個窮書生如果有機會，將來一定能發達。可是聽書生的意思，他現在最缺少的就是進京的盤纏和做官的「本錢」——如果有錢的話，他就可以到京城去拜見達官貴人，以此謀個一官半職。窮書生去了許多錢莊和有錢人的家，想借些盤纏，但是人家哪裡肯相信他，都把他打了出來。

胡雪巖瞭解到王有齡的情況後，二話不說，立即私下把錢莊的五百兩銀子借給了他，讓他到京城去。窮書生愣住了。一個小小的學徒竟然能夠瞭解自己的心思，並且對自己這樣的信任，一時之間竟不知道如何是好。胡雪巖把銀子給他包好，讓他趕快上路。窮書生含著淚水走了，臨行前對胡雪巖說：「將來如果我真的能夠謀求一官半職，到時候一定回來報答你！」

黃昏的時候，錢莊老闆回來了，胡雪巖就把剛才的事情告訴了老闆。他的話還沒說完，老闆就氣得跳了起來：「這哪裡是做生意！這五百兩銀子我看是有去無回了，你也給我捲舖蓋走人吧。」

老闆認為，不能輕易的相信別人，這是守住自己產業的根本。胡雪巖則不這麼想，他想的是，真誠的相信別人，才能擴大自己的生意。但沒有辦法，老闆就是老闆，他叫你走，你不走也不行。於是，胡雪巖只好離開錢莊……。

胡雪巖離開錢莊後，沒有了工作，也就沒了飯碗，只能在杭州街頭流浪。這樣，過了很長一段時間，直到王有齡當官回到杭州，在西子湖畔見到了胡雪巖，他街頭流浪的生活才告一段落。王有齡感激當初胡雪巖對他的信任和幫助，資助胡雪巖在杭州開了自己的錢莊。

胡雪巖開辦錢莊後，堅持重信義，生意越做越好、越做越大，僅僅四、五年的時間，就贏得了「紅頂商人」的稱號。

觸類旁通

真誠的相信別人，才能擴大自己的生意；相信別人，實質上就是相信自己。我國自古就有「無商不奸」的說法，但是胡雪巖卻認為：「為人不可貪，為商不可奸；經商重信義，無德不成商」。這番話顯示了誠信，誠信是胡雪巖的經商之道、經營之本。所以，處於商場中的人，一定要學習一下胡雪巖的經商之道。誠信才是商場之中的根本，才是生存和發展的前提。任何人想透過投機獲得成功，那一定是不可能的。

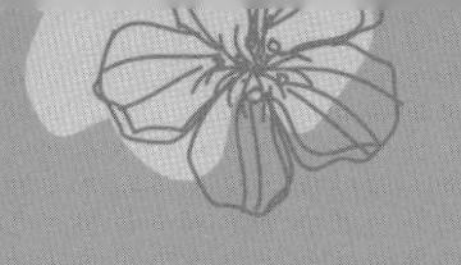

原來，
謙和是種
以退爲進的智慧

帝王之謙

退避三舍

春秋五霸之一的晉文公，名重耳，原是晉獻公的公子，因晉獻公後來改立幼子為嗣，重耳不得不帶著一批家臣逃離晉國，在國外過了十九年顛沛流離的流亡生活。一次，重耳一行投奔楚國，楚成王設宴招待他們。酒過三巡之後，楚成王帶著酒興，不無得意地問重耳：「公子有朝一日回到晉國當國君，將用什麼財物來報答我呢？」

重耳不卑不亢地回答：「美女和玉帛之類，您都已擁有；皮革和象牙之類，您的土地上應有盡有。晉國所有的，楚國哪一樣也不缺。我能用什麼來報答呢？」

楚成王追問一句：「您說的話雖是事實，但您總該用某種方式來報答我對您的款待之恩呀！」

重耳想了一下，說：「這樣吧，如果我託您的福能回到晉國，一旦晉楚兩國交戰，我將下令晉軍後退三舍（古時行軍以三十里為一舍），用這種方式來報答您。如果退避三舍還得不到您的原諒，那我只能跟您交戰了。」

後來重耳回到晉國當上國君，稱晉文公。西元前六十二年農曆四月，晉、楚兩國在城濮進行了一場決戰。宋、齊、秦三國都派兵支持晉國，陳、蔡兩小國則支持楚國。交戰前，晉文公果真下令全軍退避三舍，而楚將子玉卻把晉軍的後撤看作是害怕楚軍的表現，便揮軍緊緊追擊。到交戰時，晉軍已避開了楚軍的鋒芒，而楚軍的士氣則已大打折扣了。

晉軍分為上、中、下三軍，分別跟楚軍的左、中、右三軍對陣。晉下軍副將胥臣把戰馬都披上虎皮。當這些「虎視眈眈」的戰車衝向楚右軍時，陳、蔡聯軍的戰馬驚恐倒地，士兵棄陣而逃。與此同時，晉上軍主將狐毛冒充中軍豎起兩面大旗（只有中軍才可豎旗）並向後撤，下軍主將欒枝令士兵用戰車拖著樹枝跑，揚起滿天飛塵，製造晉軍潰敗的假像。楚左軍主將子西中計，率軍追擊。晉中軍主帥先軫率領精兵攔腰衝殺，狐毛率領的晉上軍此時狠殺回頭槍。楚左軍一下崩潰。楚中軍主將子玉見左右兩軍已被徹底打垮，急忙收兵。這樣，晉軍雖退避三舍，卻最終取得大勝。

觸類旁通

中華民族五千年的歷史積澱了中國人優良的傳統美德，在現實生活中，對別人有所容忍是必須的，但不可太過。如何才能做到既不「退避三舍」，又不讓人覺得你高傲、目中無人。

海爾集團總裁張瑞敏堪稱繼承和發揚中華民族傳統美德的典範，他在修身練業之中敬仰「中正」之道，他對人生的態度是：阿諛嫌太過，輕視又不及，友愛最合乎中正；在社交中他認為：傲慢嫌太過，卑屈又不及，誠實最合乎中正；在處事上他認為：粗魯嫌太過，怯懦又不及，勇敢最合乎中正。也許這才是我們共同追求的生活真諦，希望每一個善良的人，早日走出「退避三舍」的尷尬，堂堂正正做人、清清白白處世、瀟瀟灑灑生活。

秦始皇參拜荊條

西元前二一五年的秋天，秦始皇乘著車從碣石向東北前進，這是他統一後的第四次出巡。

隨著細碎的馬蹄聲，秦始皇沉浸在思索中。回想起自己年幼時的老師，真使人難忘。那位嚴厲的老人，第一次講課講的就是舜賜給嬴家的姓，老師先講亡、口、月、貝、凡，然後，再合成一個「嬴」字。第二天就要背、要寫。

「老師，太難了。」

「什麼，一個嬴字就太難了？將來秦國要靠你去治理，能難而不進嗎？」老師舉起了荊條棍……後來，這位可敬的老師去世了。

突然，車馬停了，前衛來到秦始皇面前奏道：「仙島不遠，請萬歲

乘馬。」於是，秦始皇上了有金佩飾的白馬，行不多時，便到了島上，他環視渤海，豪情滿懷，低頭看馬前，忽然下馬，撩衣跪拜。隨從的大臣們不知道怎麼回事，也只好跟著參拜。等秦始皇起來，李斯才問為何參拜？秦始皇深情地說：「眾卿，此島所生荊條，正是朕在邯鄲時老師所用的荊條。見了這荊條，如見恩師，焉能不拜？」後人把這個島改稱為秦皇島。

觸類旁通

「成身莫大於學。身成則為人子弗使而孝矣，為人臣弗令而忠矣，為人君弗強而平矣。有大勢，可以為天下正矣。」這是從知識傳授的角度講的。受人滴水之恩，當以湧泉相報。而對於老師，中華民族自古以來就有「天地君親師」之謂，可見老師在整個國人的心目中的地位。秦始皇的尊師也算是天下之一絕。

曹操三下求賢令

建安十五年春天的一個深夜，軍營中一片寂靜。在軍帳中，燭火搖曳不定。曹操放下手中的筆，看著案上剛剛寫成的新詩〈短歌行〉：

「月明星稀，烏鵲南飛，繞樹三匝，何枝可依。山不厭高，水不厭深，周公吐哺，天下歸心。」

意思是：月夜的烏鵲在尋找著歸宿，當世的人才在尋找依託。山越高，越顯得雄偉挺拔；海越深，越顯得浩瀚無邊，賢才越多，事業就越興旺。昔日的周公，一聽說有賢才來訪即使正在吃飯，也要把食物吐出，接待訪者，我為什麼不能向他學習呢？

曹操起身，在軍帳中踱來踱去，吟誦著這渴求賢才的詩篇。人才！人才！他的事業太需要人才了。

猛然間，曹操的腦海中浮現出一個年輕英俊的面龐。郭嘉，這位軍中謀士，正是因為遇到了他，才充分展示出自己的聰明才智。

那還是在十一年前，曹操手下的謀士領來一位年輕人。只見這個年輕人英俊挺拔，明亮的眼睛中閃著聰慧的光芒。這個人就是郭嘉，年僅二十歲。他從袁紹處逃出，投奔曹操。

曹操熱情地接待了郭嘉。他問郭嘉：「你剛從袁紹那裡來，聽說他招納了很多賢士，是真的？」

郭嘉回答：「這就看旁人怎麼說了。袁紹對投奔他的人，首選講門第、論資歷，重用的全是自己的親戚子弟，或是他家的門生故交。像我這樣出身卑賤的人，他根本看不上眼。所以，我再也不願意待在他那裡了。」

隨後，郭嘉和曹操暢談國家大事，特別談了他對統一天下的想法。曹操被他獨到的見解和精闢的分析吸引住了。他為得到這樣一位年輕的賢士而高興，因此破格提拔郭嘉為司空軍祭酒。

不料，曹操的這項任命在士族出身的官員中引起了軒然大波。

一天，世代在朝中做官的陳群怒氣沖沖地找到曹操，他質問道：「郭嘉這小子是什麼人，值得您這樣重用他？」

「我只知道他是一個精通兵法的謀士。」曹操又不慌不忙地反問道：「你說他是什麼人？」

陳群憑空誣衊說：「聽人說，他的品德很糟糕，比如……比如……」他結結巴巴地說不出話來了。

曹操逼視著陳群：「你說他品德不好，有什麼證據嗎？沒有證據，就是誣陷。」

陳群繼續狡辯說：「他出身貧賤，既不是『秀才』，也不是『孝廉』，憑什麼重用他？」

原來，東漢王朝委任官吏，實行的是所謂「察舉」、「征辟」制。

做官的先要由地方上名門豪族提名，補提名的人，或者稱為「秀才」，或者稱為「孝廉」，然後再由朝廷和官府加以任用。就這樣，提來提去，能當官的大都是那些皇親國戚、豪強官僚的親朋子弟。這種選官制度，不過是他們保持和擴大世襲特權的一塊遮羞布而已。

曹操把臉一沉，斬釘截鐵地說：「請回去吧！我唯才是舉，量才錄用，和出身沒關係。這郭嘉我是用定了！」

陳群費了半天氣力，結果碰了一鼻子灰，只得狼狽地走了。

過了幾天，曹操同郭嘉談起這件事，郭嘉笑了，他對曹操說：「我們家鄉流傳這樣一首民謠：『舉秀才，不知書；舉孝廉，父別居；寒素清白濁如泥，高第良將怯如雞。』」

「哈哈哈哈！」曹操開心地笑了起來：「好！這首民謠揭得透！罵得好！」

從此以後，曹操對郭嘉更信任。他們常常同席而坐，並馬而行。每當有重大的軍事行動，曹操都要反覆徵詢郭嘉的意見，請他出謀劃策。

郭嘉隨軍十一年，在曹操統一北方的幾次重大的戰役中，都起到了決策取勝的諮詢作用。曹操多次讚揚郭嘉說：「能幫我建立大業的，必定是這個小夥子啊！」

不幸的是，這位年輕有為的謀士不久病故了。郭嘉的夭亡，使曹操悲痛欲絕，他頓足長歎說：「可惜！可惜！」

後來，曹操在赤壁之戰中慘敗，他看著剩下的殘兵敗將，更加懷念郭嘉。他痛哭失聲：「要是郭嘉還在，這一仗也不至於敗得這樣慘啊！」

帳外的更鼓一聲接著一聲，打斷了曹操的凝神沉思，他撫案自問：難道就沒有像郭嘉一樣的人才被埋沒於草莽之中嗎？他們也許像郭嘉最初一樣，被排斥官場之外。

於是，曹操鋪開紙筆，滿懷激情，揮筆寫下了〈求賢令〉。

「天下尚未平定，目前是迫切需要人才的時候……天下還有沒有穿著粗布短衣，卻才能出眾，像姜太公那樣在渭水河邊釣魚的賢才呢？還有沒有像陳平那樣蒙受著『盜嫂受金』的壞名聲，卻沒有遇到魏無知那樣保舉他的謀士呢？各級官吏一定要努力發掘，並向我推薦這種被埋沒的人才，我一定根據他們的才能，恰當地任用他們。」

建安十九年十二月，曹操又下〈敕有司取士毋廢偏短令〉，令中提出對於有某些缺點的賢能之士，也要同樣予以任用，並強調說：「人有某些缺點，在所難免，能因此就不用他們嗎？選官的人員如果明白了這一點，那麼有才之士被埋沒的可能性就會大大減小了。」

又過了三年，曹操六十三歲了，他更加思賢若渴。第三道求賢令——〈舉賢勿拘品行令〉下達了。

這項指令說：「對那些確實英勇果敢，能夠捨生忘死與敵人拚死戰鬥的人；對那些屈居下僚而本領高強，能夠勝任將軍、郡守職務的人；對那些即使有不光彩的聲名，有過被人恥笑的行為，或者不仁不孝而有治國用兵之術的人；各級官吏一定要把自己所知道的推薦上來，不得把他們遺漏了。」

三次求賢令的頒佈，使曹操麾下聚集了許多人才，形成了猛將如雲、謀臣如雨的局面。他們在曹操的統一事業中，都做出了各自的貢獻。

觸類旁通

曹操自從舉兵開始，就注意招攬人才。他有「周公吐哺」的謙遜、有「天下歸心」的氣魄、有破除門閥觀念的膽量，和「唯才是舉」的決斷。正是由於他雅量容人、廣開賢路，才使自己的手下積聚起一大批能人，才使他的雄心壯志得以實現。

將相之謙

鮮明的對照

人越謙虛越受人敬服，人越驕傲越被人厭棄。春秋時齊相晏子的謙虛和他的車夫的自滿就形成了鮮明的對照。

有一天齊國丞相晏子乘車出外，他的車夫的妻子從門縫窺看，見她的丈夫給丞相駕駛蓋有大羅傘的車，鞭策拉車的四匹駿馬，顯得神氣得很。

等到丈夫駕車回家，她對他說要離開他，他問其故，她說：「晏子長不滿六尺，相齊國，名顯諸侯，今者妾觀其出，志念深矣，常有以自下者。今子長八尺，乃為人僕御，然子之意，自以為足，妾是以求去也。」意是說，晏子長得矮，當上齊國丞相，名聲顯赫於諸侯，我看他為人有志氣，謙下待人。而你雖長得高，只是駕車的僕人，而你卻如此自滿，洋洋得意，所以我要離開你。

妻子的批評，使車夫意識到自己的缺點，從此，態度變得謙遜了，晏子問其故，車夫如實相告，晏子就推薦他為大夫。

晏子確是個最謙虛的人，不只車夫的妻子敬佩他，時人也都是有口皆碑的。他的謙虛主要表現在三個方面：一是在生活上知足，始終保持儉樸，對封邑賞賜都堅決拒絕。有一次晏子奉命出使到晉國，齊景公因晏子住宅簡陋，便拆鄰居住宅以擴建晏子住宅，晏子回時住宅已建好了，晏子先拜謝景公所賜，然後拆掉新宅，重新照原樣修建鄰居的住宅，請鄰居都搬回來住。可見晏子多麼謙虛，絕不幹損人利己之事，正因此，他得到人們的敬服。如果住拆掉鄰居的住宅所擴建的新宅，鄰居的人將會永遠怨恨他。

二是謙卑待人。有一次晏子出使晉國時到巾牟邑，遇見囚犯越石父，知他賢便贖其身並載之歸。到家忘記跟越石父打招呼便進去了，越石父怒其非禮，請跟晏子絕交。晏子謙卑地向他謝罪，待之為上賓。本來有恩於人就會驕傲，而晏子施恩於越石父卻得不到他的感激，反而因一時疏忽而挨批評，他不僅不發火，卻能屈己禮下之，如非謙虛的人是不能如此待人的。

三是在功業上常自謙永遠不滿足。梁丘曾說他至死也趕不上晏子的功業，晏子說說：「嬰聞之，為者常成，行者常至。嬰非有異於人也，常為而不置，常行而不休者，故難及也。」意思是說，他聽說肯做就有成，肯走就能到達目的地。他沒有什麼不同人的地方，只是不斷做而不放棄，經常走而不休息罷了。

晏子雖貴為丞相而不自滿，堅持「常為常行」，故有大成就，使上下佩服，譽滿諸侯。

觸類旁通

歷史上以個子矮小而聞名者，西方有拿破崙，中國則有晏子。拿破崙以軍事天才留名青史，晏子則以處世智能供人玩味。若談思辨上的機巧，晏子當更勝於拿破崙一籌。晏子敢於挑戰迷信，更敢於「諫說犯君之顏」，這都看得出他的智能與勇氣。怪不得個子矮小的晏子，連司馬遷都以為其執鞭而忻慕。

佯裝有病讓相位

西元前一七六年的一天，長安城未央宮裡，莊嚴肅穆。昨天剛剛舉行完登基儀式的漢文帝，不顧旅途疲勞，一清早便來到未央宮，準備早朝。

漢文帝是漢高祖的庶子，被封為代王。他的母親薄姬不受漢高祖的寵幸，因此在漢宗室與呂氏家族的殊死搏鬥中，免遭迫害。呂后死後，諸呂的反叛陰謀被粉碎，臣民因他仁慈寬厚而擁戴他繼位。君臨天下，是多少人夢寐以求，甚至不惜骨肉相殘而爭奪的目標，而代王劉恒不費吹灰之力便得到了。然而，他也深知這副擔子有多沉重。近年來，由於宮廷內部的爭權奪利，使民風日下，生產遭到破壞，內憂外患不斷。大漢江山需要一個賢明的君主來拯救它。漢文帝相信自己會勵精圖治，有所作為。他如此自信還有另一個原因，就是他手下有父親留下的兩個心腹老臣——丞相陳平和太尉周勃。他們一文一武，對漢室忠貞不貳，定會像輔佐父皇一樣輔佐自己。

群臣陸續進宮，侍立在正殿的兩側。漢文帝升殿，各大臣一一叩見之後，漢文帝發現丞相陳平沒有站立在群臣之列，文帝問道：「丞相陳平為何不來？」

站在下面的太尉周勃站出來說道：「丞相陳平正在生病，體力不支，不能來叩見皇上，請皇上原諒。」

漢文帝心裡暗自納悶，昨天陳平還好好的，並沒有見他有什麼病狀呀？不過，他仍然不動聲色，只是說：「好，知道了。」

退朝以後，漢文帝派人去請陳平。人剛走，漢文帝又覺得這樣做有些不當。陳平是開國老臣，自己應當把他當作父親一樣對待，父親有病，兒子只能前去探望，哪有召見之理？於是文帝便到後宮換上平日穿的家常便服，到陳平家去探視。

陳平躺在床上，頭纏白綢巾，手裡捧著一本書在讀，見到漢文帝來了，慌忙翻身下地行禮。漢文帝急忙把他扶起，說道：「不敢，朕視卿如同父親，以後除了在朝廷上以外，一律免除君臣之禮。」

漢文帝掃視一下屋裡的陳設，又說：「今天聽太尉說您病了，特地前來探望，不知是否請過御醫診視？您年歲大了，有病可不要耽擱呀！」

陳平聽了文帝那仁慈關懷的話語，感動得熱淚盈眶，他對文帝說：「皇上太仁慈了，可我對不起您的一片愛臣之心，我犯了欺君之罪呀！」

原來陳平並沒有病，是在裝病。他為什麼要裝病呢？這話就得從高祖去世說起了。

漢高祖劉邦在世時，為了保證漢宗室的傳承，規定「非劉氏者不得為王」。但由於他晚年體弱多病，實權已經由呂后執掌。高祖死後，惠帝懦弱，呂后便不顧高祖的遺訓，大立呂家子弟為王，使得諸呂的勢力越來越大，劉家的勢力卻日益衰微。

滿朝文武，對這種情況只敢怒不敢言。太尉周勃原是高祖的同鄉，秦末跟高祖起義屢建戰功，封為絳侯。他對呂后的肆無忌憚實在看不下去了，就告病還鄉。而高祖的另一個心腹之臣陳平，這時被呂后封為丞相，他也看不過呂家的倡狂，可是又投鼠忌器，只能裝聾作啞，暗自等待時機。

呂后死後，諸呂結黨，欲謀叛亂。陳平認為剷除諸呂的時機已到，立刻去找太尉周勃，共商大計。周勃本以為陳平與諸呂同流合汙，很看不起他，沒想到陳平當時不過是保存實力，心中竟有如此大志，非常欽佩，立即同意；並且親自設計，說服駐紮在長安城的警衛部隊——北軍擁劉反呂，然後又坐鎮北軍，爭取到了南軍的支持，以武力為後盾，對抗呂氏，最後將呂氏家族一網打盡。

在這次行動中，陳平是主謀，但周勃是直接率兵誅滅諸呂的人，顯得功勞比陳平大，陳平自己也這樣認為。他想，新帝繼位，應論功晉爵，自己應當主動把丞相的位置讓給周勃，但又怕周勃不肯接受，便假稱有病，不能上朝，使文帝有理由任命周勃為丞相。

陳平把這一切都對文帝說清之後，又誠懇地說道：「高帝在世時，周勃的功勞不如我；誅滅諸呂時，我的功勞不如太尉。所以我願意把相位讓給他，請皇上恩准。」

文帝本來不知誅滅諸呂的細節，他是在諸呂倒臺以後，才被陳平和周勃接到長安的。聽了陳平的解釋，才知周勃立下了大功，便同意陳平的請求，發佈詔書，任周勃為右丞相，位居第一，任陳平為左丞相，位居第二。

文帝既然想做一個有所作為的君主，便用心研究治國之道。

一天上朝時，他問右丞相周勃：「現在一天的時間裡，全部被判刑的有多少人？」

周勃謝罪，回答說：「臣不知道。」

漢文帝又問：「全國一年的錢糧有多少？收入有多少？支出有多少？」

周勃仍然回答不出。周勃平日統兵，從未過問財政、刑獄之事，此

時汗流浹背，慚愧至極，真恨不得有個地縫鑽進去。

文帝看周勃回答不出，又問站在旁邊的陳平：「陳丞相，那你說呢？」

陳平不慌不忙地回答說：「您要想瞭解這些情況，可以給您找來掌管這些事的人。」

「那麼誰負責管理這些事呢？」文帝問。

「陛下要問被判刑的人數，我可以去找廷尉；要問錢糧的出入，我可以找治粟內史。他們會告訴您詳細的數字。」

文帝的心裡有些不高興，臉色也沉了下來，說道：「既然什麼事都各有主管，那丞相要管什麼呢？」

陳平毫不猶豫地回答道：「每個人的能力都是限的，不能事無巨細，樣樣躬親。丞相的職責，上能輔佐皇帝，下能調理萬事，對外能鎮撫四夷、諸侯，對內能安下百姓。丞相還要管理大臣，使每個大臣都能盡到自己的責任。」

陳平回答得有條不紊，文帝聽了，覺得很有道理，臉色緩和了下來。站在一邊的周勃也如釋重負，暗暗佩服陳平能言善辯，輔政有方。

這件事對周勃的影響很大，回到家裡，他還久久不能平靜。他想，自己雖說為誅滅諸呂立了大功，但是輔佐皇帝、處理國政方面的才能與陳平相差太遠了，為漢朝社稷百姓著想，還是應該讓陳平做丞相。於是周勃也假稱有病，向漢文帝提出辭呈。

漢文帝非帝理解周勃的心情，立即同意，陳平便成了文帝的唯一的丞相，輔佐文帝中興漢業。

觸類旁通

陳平與周勃為剷除諸呂，匡復漢室立下了汗馬功勞，而相位只有一個，假如這兩位沒有很好的道德修養的話，便會為爭寵而打得兩敗俱傷。但是陳平和周勃卻用另一種方

法，妥善處理了這個問題，這就是「虛己盈人」，兩個人都看自己的缺點不足，看別人的優點和特長，「崇讓則人不爭」，互相謙讓，並沒有發生爭執。

當然謙讓並不是沒有原則。謙讓為按原則辦事提供了良好的環境和心理準備。當事實證明周勃多武略而乏文才時，便自覺地稱病告退。這時為了國家社稷，善於處理國政的陳平就得當仁不讓了。

霍去病拒受府第

霍去病是西漢武帝時期的著名軍事將領，累官至驃騎將軍，封冠軍侯。二十四歲時，由於勞累過度，病逝於軍中。

霍去病是河東郡平陽縣人，父親在平陽縣衙供役，母親則做平陽公主的侍婢。他雖出身貧寒，卻聰明好學，精於騎射。後來他的姨母衛子夫成為武帝的皇后，霍去病隨其來到長安，從此改變了他的命運。

十八歲時，他曾跟隨舅父衛青北擊匈奴，獨軍北上，榮立戰功，深得武帝的重用。此後，又先後五次率軍北擊匈奴，大獲全勝，立下了不朽的功勳。

元狩二年，漢武帝為了截斷匈奴與羌、氐等族的聯繫，打開漢朝通往西域的道路，解除北部邊患，封霍去病為驃騎將軍，率兵萬餘騎，發動了河西戰役。他率軍深入匈奴境內千餘里，直搗小月氏，征服祁連山的匈奴部，斬敵三萬、生俘數千，基本上控制了河西地區，使漢朝在西北方面的形勢發生了根本性的變化。

早在大軍出征後，漢武帝為了表彰那些長年在外征戰的將軍，派京城中最有名的工匠修造了幾座府第，其中最考究的一座就是準備賜給霍去病的。飛簷碧瓦的高樓大院簇擁在綠樹垂柳之中，裡面樓臺亭榭、曲徑通幽。武帝知道霍去病酷愛牡丹，又命人種植了數十種稀有牡丹，賜名為「牡丹園」。

河西戰役結束不久，霍去病受命班師回朝，武帝特意為他準備了隆重的祝捷儀式。然後，又將「牡丹園」賜給霍去病，並要宦官帶他親自去看一看是否中意。霍去病聞聽，立即跪拜說：「陛下深恩厚澤，賜臣以府第，臣真是感恩不盡。然而這座府第，臣實在不能接受，望陛下寬恕！」武帝沒想到霍去病竟然拒絕所賜，心裡有些不高興，問道：「這是為何呢？」霍去病慷慨地說：「臣本出身微賤，自從戎馳騁沙場以來，屢受陛下恩賜，心中早已不安，今日怎敢再受陛下如此重賜？況且，今日河西大捷，靠得是陛下的卓見和將士的死力拚搏，我本人豈能獨取首功！匈奴未滅，何以家為？陛下還是讓我重返軍營，為翦滅寇仇、解除邊患效命吧！」

武帝被霍去病的一番話感動了，不再計較霍去病不受府第的態度，而且還接受了他的建議，將這座府第改作了迎賓館，專門接待那些來長安訪問或貿易的外國使節，並妥善地安排了北邊防務。

觸類旁通

嫉賢妒能，幾乎是人的本性，所以有才華的人會遭受更多的不幸和磨難。《莊子》中有一句話叫「直木先伐，甘井先竭」。一般所用的木材，多得選用也是如此。有一些才華橫溢、鋒芒太露的人，雖然容易受到重用提拔，可是也容易遭人暗算。作為年輕的將領，獨自接受皇帝的封賞，顯然不是一件明智的事情。做人必須謙恭為懷，如果一意包攬善行和功勞，就會有樹大招風的危險，替自己平添許多困擾，所以，我們應該意識到，美名來於他人的賜予，自己沒有獨占的權利，而讓旁人分享榮耀，這樣別人才不會太妒忌。

事實上，凡是具有謙讓美德的人，即使不權衡利害得失，也會自然而然的採取這種作風。

辭相以讓賢

公孫弘為漢武帝丞相，養病在家，適淮南、衡山諸侯謀反，弘很為不安，自以為無功而封侯居宰相位，應當佐明主鎮撫國家，才是臣之道，而今諸侯有叛逆之計，乃是自己不稱職的表現。於是，上疏辭去丞相的職務，他說：「臣聞天下通道五，所以行之者三。君臣、父子、夫婦、長幼、朋友之交，五者天下之通道也；仁、知、勇三者，所以行之也。故曰：『好問近乎知，力行近乎仁，知恥近乎勇；知此三者，知所以自治；知所以自治，然後知所以治人。』未有不能自治而能治人者也。陛下躬孝弟、臨三王、建周道、兼文武，招徠四方之士，任賢序位、量能授官，將以厲百姓勸賢才也。今臣愚駑無汗馬之勞，陛下過意擢臣弘卒伍之中，封為列侯，致位三公。臣弘行能不足稱，加有負薪之疾，恐先狗馬填溝壑，終無以德塞者，願歸侯印，乞骸骨，避賢者路。」

公孫弘在辭呈中說：「未有不能自治而能治人者」，這是反省自己不稱職，因而要求「避賢者路」。他的態度是誠懇值得稱道的。

觸類旁通

謙讓是中華民族的傳統美德，是學識的積澱，是道德的表達，是修養的展示，是人性的光輝。謙讓是福，鄰里之間、同事之間、路人之間遇到衝突，即使有理，退一步海闊天空，春風拂面。乘公車時，為老弱婦孺讓個座，愉悅會在你的心中油然而生，美好一瞬也會在他人心間永留駐。

諸葛亮自降三級

諸葛亮輔助蜀王劉禪時，就決心實現早已有的願望，出兵北伐，統一中原。他做了充分的準備，並寫了著名的〈出師表〉，表示了自己「鞠躬盡瘁，死而後已」的決心。

街亭是蜀軍與魏軍必爭之地。這個要道該派誰去守呢？他思來想去，選中了馬謖。他對馬謖說：「街亭地處要道，你一定要駐軍路口，阻擋魏兵，千萬不可將軍營安置在山上。」

誰知，諸葛亮的叮囑，馬謖根本沒有放在心上，來到街亭，就對副將王平說：「我看丞相說得不對！」「為什麼？」王平問。「你看，這路旁有些小山，在山上紮營，居高臨下，真是太好了！」王平和馬謖爭執半天不管用，馬謖還是把軍營紮在山坡上。

魏軍大將張郃見蜀軍紮營在山上，大喜！迅速將山包圍個水洩不通，切斷了馬謖的糧道和水路。沒有水、沒有糧，軍心大亂。幾天後，張郃放火燒山，街亭最終失守了。

街亭丟失，馬謖自然被殺。諸葛亮忍不住流下眼淚，他說：「馬謖被殺，是軍法難容，罪有應得，我只恨自己看錯了人、用錯了人，這次慘敗全是我的責任，我應該受懲罰！」於是，他上書蜀後主劉禪，要求把自己的官職降下三級。

觸類旁通

在碰到事情沒有辦好、辦成的情況時，有「和而不同」風範的人，都能夠嚴於律己，寬以待人。他們不怨天尤人，首先從自身尋找原因，檢討自己的不足，並從中汲取教訓，避免今後重蹈覆轍。他們不爭功諉過，勇於實事求是地承擔責任。對於別人的缺點、錯誤，以及應該承擔的責任，他們也能實事求是的提出，但是與人為善，出於愛護，並寬大為懷；只要別人瞭解了、改正了，便既往不咎。遇到分歧和衝突，他們能保持冷靜和理智，求同存異，妥善處理；允許別人保留自己的觀點和行為，留給他人認識和改正缺點錯誤、戰勝挫折失敗的時間和機會，耐心等待，努力不使與別人友好合作的紐帶撕裂。

受弔不受賀

岑文本，南陽郡棘陽縣人，字景仁。是唐貞觀年間的宰相之一。

唐太宗十分敬重岑文本，曾說其「弘厚忠謹，吾親之信之」。及晉王立為皇太子，當時名士多兼任宮官，太宗欲使岑文本兼任，但他一再拜謝說：「臣以庸才，久踰涯分，守此一職，猶懼滿盈，豈宜更忝春坊，以速時謗。臣請一心以事陛下，不願更希東宮恩澤。」

太宗只好作罷，但仍令他每五日參見東宮一次，命皇太子待以賓友之禮。

不久岑文本被唐太宗封為中書令，回家後，面有憂色，他母親感到很奇怪，問他為什麼如此不高興。岑文本說：「無功受祿，深感不安；責任重大，憂慮不已。」親朋好友來慶賀，並勸他趁機經營自己的產業。岑文本說：「我南方一布衣，徒步入關，以前只不過一縣令而已！

無汗馬之功勞，靠文墨官至中書令，俸祿如此之多，已使我很畏懼，怎能再談營造產業呢？」勸說者聽聞嘆息而退。

岑文本因忠於職守，為人謙遜而知足，一生都讓君主充分信任。

觸類旁通

在為人處世方面的低調，會讓別人覺得不會對其造成威脅，自然自己可能遭遇到的困難相對的少些。為官之道，自古以來為人們所重視。戰國時的荀況說，執政者手中握有很大的權力，但僅憑權力並不能使天下自行安定，「安之者必將有道也」。升高官，得殊榮，是人之所喜，但智者都驚滿盈，得高官、殊榮反而憂慮。正是基於上述道理，才更應該夾起尾巴做人。

悄悄地榮歸的狀元

在古代，中狀元是士大夫最光榮的事，尤其是在重文的宋代。中狀元的都給予最高榮譽，當他朝見皇帝通過街道時，首都萬人空巷，人們如醉如狂，爭看狀元風姿。而當他榮歸故鄉時，又受到地方官員和老百姓的熱烈歡迎，這時誰不趁此顯耀自己，以榮宗耀宗呢。但也有例外的，中狀元榮歸故鄉卻悄悄地而不讓人知，這人就是宋代咸平中時考中狀元的王曾。

王曾中狀元後返回青州故鄉。青州郡太守知他歸來，便命父老和老百姓到近郊迎接，可是卻見不到王曾。原來王曾改姓換名，換上便服，騎著小毛驢，避開歡迎場面，悄悄地進城，拜見郡守，郡守驚問：「聞君來，已遣人奉迎。門司未報，君為何抵此？」王曾說：「不才幸忝科第，豈敢煩郡守父老致迓，是重其過也。故變姓名，詭迎者及閽司而上謁。」王曾如此謙虛，郡守為之讚歎說：「君所謂真狀元矣。」並預料王曾前程遠大。

後來確如郡守所料。宋真宗初任王曾知審刑院時，在承明殿召見他，召對久之，既退出，使內侍對他說，「向思卿甚，故不及朝服見卿，卿勿以我為慢也。」真宗對他尊禮如此。後得參與政事，成為宋代名相。

觸類旁通

若你低調處世，辯證地看待自己，你就會以一個高品位的審美觀，欣賞生活的藝術之美。

生活是一件藝術品，欣賞藝術品更是一種藝術。所以暫時收起你的抱負、才華和自豪，低調些，體驗一下錦衣夜行。這樣做，更是一種有效的自我保護措施。

名士之謙

三人行必有我師

《論語・述而》記載：「三人行，必有我師焉。擇其善者而從之，其不善者而改之。」意思是說，幾個人在一塊走路，其中必有我可以學習的人，我學習好的方面，見到不良的方面則警惕改正。反映了孔子治學嚴謹、虛心好學的態度。

孔子是我國古代偉大的思想家、政治家、教育家，儒家學派的創始人。他是我國古代文化的先進代表，傳統教育的奠基人。他的思想已成為炎黃子孫潛在的道德意識和傳統風習。他被列為世界古代文化名人，他的學說在世界文明史上也具有重要地位。

孔子幼年孤苦，三歲喪父，十六歲時母親又過早地離開了人世，他不得不做雜活以養家餬餬口，所以他自稱「吾少也賤，故多能鄙事」。孔子從少年時起便勤奮學習，他說：「吾十有五而志於學。」他曾問禮於老聃，問樂於萇弘，學琴於師襄，當他年近半百的時候還說：「加我數年，五十以學《易》，可以無大過矣。」由於他刻苦學習，所以成為博學多能的人。在中國被尊為「聖人」，西漢平帝稱孔子為「褒成宣尼公」，北魏稱孔子「文聖尼父」，唐代封孔子為「文宣王」，元代封孔子「大成至聖文宣王」，明代封孔子為「大成至聖先師」。孔子在國際上也享有盛名，為世界文化名人之一。他的學說是由十六、十七世紀來華的耶穌會傳教士開始介紹到歐洲的。如啟鐸澤等人合編的《中國之哲人孔子》，內附孔子傳及周易六十四卦，並有孔子畫像，上書「國家仲尼，天下先師」，給歐洲以極大的影響。

孔子自稱「述而不作」，沒有留下什麼專著，僅有其弟子記錄他的言論的《論語》一書。不過，他曾大量搜集、整理、訂定過六部書，即六經或稱六藝。這就是《詩經》、《尚書》、《周易》、《春秋》，三禮中的《禮儀》，還有一部《樂》，並把它們作為教材傳授給他的學生。

孔子認為，仁人君子必須具備完美的道德品質，即一要「修己」，二要「安人」。君子怎樣修養自己的仁德，孔子說：「能行五者於天下，為仁矣。」在《論語・陽貨》中，孔子論述了這五種美德，即：

「恭則不侮，寬則得眾，信則人任焉，敏則有功，惠則足以使人。」大意是：莊矜鄭重則不致遭受侮辱，寬厚待人就會得到大眾的擁護，誠實謹慎就會得到別人的信任，勤奮工作就會取得事業成功，慈惠和平就易於指使別人。做到恭、寬、信、敏、惠，不僅能處理好人與人之間的關係，而且有利於安定社會秩序，實現長治久安。在這五種美德裡面，「恭」、「信」講的都是謙遜的意思，它們作為君子應具備的仁德品質，作為待人、行事、居家、為官的主要行為準則，這在孔子看來是至關重要的內容。

孔子認為，人不學習就無從獲得知識，因而他要求學生應有「學如不及，猶恐失之」的緊迫感。但同時，他又強調，謙遜是學習的前提，為了探求知識，要堅持「百事問」，具有「敏而好學，不恥下問」的態度，堅信。「三人行，必有我師焉」，並能「擇善而從」。真正做到「以能問於不能，以多問於寡；有若無，實若虛。犯而不校」。這是要求知識豐富的人也有必要向知識缺少的人請教，有學問應當像沒有學問一樣虛心學習。正因為孔子時時謙遜，他受到學生們的崇敬。子貢說：「學不厭，智也；教不倦，仁也。仁且智，夫子即聖矣。」

孔子提倡「學而不厭」的治學精神，所以，他非常鄙視自滿自詡的人。他說：「亡而為有，虛而為盈，約而為泰，難乎有恆矣。」意思是說，本來沒有卻裝作有，本來空虛卻裝作充實，本來窮困卻表現豪華，這樣的人是很難保持節操的。因此，他對學生的缺點毫不留情地給予批評。他發現宰予晝寢，便嚴厲批評：「朽木不可雕也，糞土之牆不可杇也。」他對「巧言令色」、「匿怨而友人」的作風十分厭惡，要求學生自學「改過遷善」。

孔子一生虛心向學、謙虛謹慎，學而不厭、誨人不倦，改過遷善、善與人交，受到世人稱讚：「夫子聖者與？何其多能也。」孔子謙遜地說：「我非生而知之者，好古，敏以求之者也。」又說：「蓋有不知而作之者，我無是也。多聞，擇其善者而從之。」

觸類旁通

中華民族作為一個善於學習的民族，在歷史上留下無數學習的道理和格言。如「獨學而無友，則孤陋而寡聞」，再如「不學不成，不問不知」，都能夠給人以啟迪和思考。而「三人行必有我師焉」這句樸實的話語中卻包含著一種對學術認識的境界，它充分體現了孔子的人生境界和對知識的領悟。

孔融讓梨

孔融十歲那年隨父親來到洛陽。他是個聰明好學的孩子，聽說洛陽有個名人叫李元禮，便決定自己去登門拜訪。這天，孔融來到李家大宅門口，很有禮貌地向看門人行了禮，說：「我是李大人的親戚，請幫我通報一下！」守門人見這孩子知書達理，便告訴孔融說李大人正在裡屋。孔融從容不迫地進屋拜見了李元禮。李元禮見來了個自稱是親戚的小孩子，覺得很面生，就問他：「你和我是什麼親戚關係呀？」孔融不慌不忙地答道：「大人，過去您的祖先老子（李聃）和我的祖先孔子有師生關係，所以我和您應當算是老世交了。」他的話音剛落，在座的賓客無不拍手稱道。李元禮對小孔融的聰明讚不絕口，連聲稱讚：「好口才！好口才！」老少兩人十分融洽地交談起來。正在此時，大夫陳韙前來拜訪，他見大家圍繞一個孩子讚揚有加，問明緣由後卻不以為然地說：「小時候聰明機靈，長大後未必有出息。」說完，他有意盯著孔融，看會有什麼反應。誰知孔融站起來，從容地走到陳韙跟前先作揖施禮，然後道：「陳大人，我想您小時候一定是很聰明機靈的！」聽出弦外之音的李元禮和賓客都顯得有些尷尬，此時的陳韙滿臉通紅，卻也不得不佩服孔融的機智。

其實，孔融不僅從小聰明機靈，而且做人的人品也很好。有一天，孔融家的客廳大桌上堆著一些金燦燦的嫩梨。父親把孔融和五個哥哥、姐姐叫到桌前，面對香味撲鼻的蜜梨，孩子們個個饞得直嚥口水。母親笑著對孩子們說：「這梨是你們父親的學生剛送來的，你們喜歡就拿著吃吧。」一聽母親讓拿了，早就忍耐不住的哥哥、姐姐們一哄而上，有的還邊爭邊嚷著：「這個大的是我先拿到的！」有的梨子在爭搶中掉落在地，站在一旁的孔融就把它撿起來放回桌子上。看著孩子們爭搶又大又好的梨子，父親終於忍不住大怒了。聽到父親的呵斥聲，孩子們都嚇呆了。父親責備說：「看到有吃的就爭先恐後地搶大的、好的，這成何體統？大家把手上拿的梨放回桌上……」哥哥、姐姐們看著手中搶到的梨，很不情願地放回桌上。父親看看站在一旁始終未動的孔融，說：「融兒，今天這梨由你來分。」

孔融在桌上揀了個最大的梨，轉身走到父親面前：「父親，請您先嚐嚐這個梨。」接著，他又雙手捧著個大蜜梨走到母親面前：「母親，

您為大家操勞很辛苦，這個大的您吃。」就這樣，孔融把桌上大的、好的梨依次再分給哥哥、姐姐們，回頭看看桌上只剩下一個最小的梨，他留給了自己。坐在一旁觀察的父親終於開口了：「融兒，你為何留最小的給自己？我也沒有這樣要求啊！」孔融思索片刻，笑著對父親說：「因為我年紀最小，理應吃最小的。」聽到孔融這麼說，母親心疼地一把將他摟在懷裡，哥哥、姐姐們拿著分到的梨慚愧地低下了頭。

觸類旁通

「三歲看大」，這是中國的一句老話，說的是一個人的早期教育對他一生具有重要的影響。這個觀點並不是唯心主義的，而是唯物主義的觀點，所強調的是後天教育實踐。

孔融從小就勤學好問、知書達理，長大以後人品、學問都不錯。「孔融讓梨」的故事講的就是這樣一個道理。早期教育對兒童的知、情、意結構的發育都有深刻的作用，透過行為操作開發，「內化」為心理之結構，從而對認知、審美與判斷力都發生持久的影響。現在問題是如何創造家庭早期教育的較佳環境，提高兒童的品德素質，而不是一味注重對兒童的知識灌輸。

張仲景訪醫

東漢的時候，河南南陽有一位非常有名的醫生，名叫張仲景。他一生為民治病、救死扶傷，深受老百姓的愛戴。據說，他年輕的時候雖然已有了名氣，但還是勤奮好學，四處尋訪名醫，虛心求教。

有一年張仲景的弟弟要外出做生意，臨走時，對哥哥張仲景說：「哥哥，我這次出遠門，很長時間回不了家，你給我看看，在外面我會不會得什麼大病？」

張仲景細心地給弟弟撫了脈，說：「哎呀，明年只怕你要長個瘩背瘡！」弟弟著急地說：「這怎麼辦？瘩背瘡長在背上，我看不見、摸不著，又回不了家，怎麼辦呢？」

張仲景安慰弟弟：「不要緊，我給你開個藥方。到時候，服了這藥，可以把瘩背瘡挪到屁股的軟肉上。日後，誰認識這瘩背瘡，就叫誰醫治，治好了別忘了給我來個信。」

弟弟辭別了張仲景，放心地走了。

張仲景的弟弟到湖北襄陽做了一年生意。一天，突然覺得脊背疼背難忍，忙找出哥哥開的藥方，照方取藥吃了。沒幾天，瘡真的從屁股上長出來。

張仲景的弟弟找了很多醫生，這個說是癤子，那個說是毒瘡，沒有一個人認識。後來，他來到一個名叫「同濟堂」的藥店，這兒的老師人稱「王神仙」。他看了看瘡，笑了，「這是個瘩背瘡嘛！怎麼挪到屁股上了？」

弟弟說：「是我哥哥挪的。」

王神仙說：「他既然能挪，也就能治，為什麼不去找他？」

弟弟解釋說：「我哥哥遠在南陽，路途遙遠，無法回去，還是請先生幫他治療吧！」

王神仙聽罷，很快開了藥方。弟弟吃了幾副藥，又貼了幾張膏藥，沒多久，瘩背瘡就好了。他隨即給哥哥寫了封信。

張仲景接到弟弟的信，十分高興，「王神仙的醫術一定很高明，我應該去向他學習討教。」說走就走，張仲景馬上準備盤纏、打點行裝，步行到襄陽。

一天清早，襄陽同濟堂的大管家剛走出店門，就看見一個身背行李、手拿雨傘的年輕人。這個年輕人迎上前來，深施一個禮，然後說：「我從河南來，生活沒有著落，望貴店收留我當個夥計吧！」

王神仙聞聲也從藥店走出來，他見小夥子年輕俐落，面貌聰慧，詢問了一番，就說：「好吧，就收你當個炮製藥劑的夥計吧！」年輕人一聽，連聲道謝。這個年輕人就是張仲景。

從此，張仲景就在同濟堂住了下來。他虛心好學、勤快能幹，夥計們有個頭疼腦熱，他也給看看。沒幾天，王神仙就讓他當司藥。

日子一天天過去了，王神仙對張仲景越來越器重，常常讓他做幫手。王神仙看病，張仲景抄藥方，遇到疑難病症，王神仙撫了脈，也讓張仲景看看，教他如何醫治。張仲景把這些醫理深深記在心裡，寫在本子上。就這樣度過了一年。

一天，一位老大爺騎著小毛驢匆匆來到藥店，說他兒子得了急症，請王神仙去診治。

沒一會兒，老大爺拿著王神仙的藥方來藥店取藥。張仲景接過藥方一看，裡面有毒藥藤黃，便知道病人是肚裡有蟲。又見藤黃只開了五錢，「藥量太小了。」張仲景遲疑一下，還是讓老大爺把藥帶走了。

不一會兒，王神仙回來了，他下了驢，準備到後院歇息一下，張仲景忙走上前來，說：「先生，病人也許還會來！」

「還來做什麼？」

「恕學生直言，藤黃能毒死病人體內的蟲，便需要一兩的量才行。先生只開了五錢，只能把蟲毒昏，等它返醒過來，會更兇惡，再用藥就不靈了，只怕病人還有生命危險哩！」

正說著，只見那個老大爺又慌慌張張跑來，連聲呼叫：「王先生，不得了啦，我兒子疼得滿地打滾兒！你快去看看吧！」

王神仙也慌了神，不知如何是好，張仲景上前，沉著的說：「我願替先生去一趟！」

張仲景隨老大爺回到家，一看便知是蟲在作怪，他掏出銀針，看準穴位，撚動手指，朝病人的腹內刺去。病人大叫一聲，昏了過去。老大爺嚇得面如死灰。張仲景鬆了一口氣，他笑著對老漢說：「別害怕，蟲已經被刺死了。」果然，只見病人慢慢地睜開雙眼。張仲景又開了副瀉藥，讓病人吃下，不多時，一根一尺多長的大蟲被排泄出來，病人完全好了。王神仙知道後，又驚又喜，忙問張仲景：「你到底是什麼人？」張仲景說：「我叫張仲景，特到此地拜師學醫的。謝謝老師一年多來的教誨。」

王神仙被張仲景虛心好學的精神感動了，立刻擺酒款待他。後來，他們兩人成了醫學上的好朋友。

觸類旁通

求師學習不是輕而易舉的事，要付出很多的代價，而謙虛是最起碼的。有了謙虛的精神，便知道自己的不足，產生求師的願望；有了謙虛的精神，才能虛己盈人，尊敬老師；老師受到感動，才會傳授給你他苦心積累的學問。古人如此，今人亦如此。

諸葛恪驕傲殺身

諸葛恪是三國時吳國大臣諸葛瑾的兒子，蜀國丞相諸葛亮的侄子。他自幼聰慧過人，很有才名，特別是他的隨機應變的辯才，頗得孫權的歡心和信任。

一次，孫權宴集群臣，他想讓眾人高興一下，便想了一個惡作劇。命人牽一頭驢到庭院，眾人一看，驢脖子上掛著「諸葛子瑜」的牌子，子瑜是諸葛瑾的字。諸葛瑾感到受到了戲弄，拉長了臉，恰似驢臉，眾人不免哄堂大笑。其實，三國時人好學驢叫，這種惡作劇也不算過分。這時諸葛恪跪在孫權面前，請求加上兩個字，得到允許後，他添寫了「之驢」兩字，這樣就成了「諸葛子瑜之驢」了。這一改使舉座皆笑，孫權也順水推舟，把驢賞給了諸葛恪。

不久，孫權宴請蜀國使者費禕，在請客前預先告訴部下說：「使者來吃飯的時候，你們只管低頭吃，不要抬頭。」費禕來赴宴了，孫權吃到中途，放下筷子不吃，而群臣仍在低頭進食。費禕看到這樣，就帶嘲謔的口氣吟誦：「鳳凰迴旋而飛，麒麟停止吃食，只有驢騾無知，仍是低頭咀嚼。」諸葛恪答道：「種植梧桐之樹，為了等待鳳凰，何方飛來燕雀，自稱鳳凰飛翔？何不彈射一弓，叫他飛還故鄉！」孫權聽了大笑不已，對他更加器重。

然而知子莫過父，諸葛瑾卻感到兒子那閃爍的才華是非常危險的。因為他知道兒子恃才傲物，必興敗端，因此經常為此憂鬱。

不久，吳國重臣陸遜病故，孫權任命諸葛恪為大將軍，掌握軍事大權。七年後，孫權病故，遺詔諸葛恪輔國。此時，他已處於吳國最重要的地位。這時，魏國利用吳主新喪，舉國哀痛之機，興兵伐吳。諸葛恪親率大軍迎擊魏軍於東興，結果大敗魏軍。他因這次功績而聲望扶搖直上，深得人心。當時人們一看到諸葛恪外出遠行，就群集在他周圍送行，讓諸葛恪非常得意。

沉浸在勝利中的諸葛恪，認為魏國不堪一擊，準備出兵伐魏。但是，這次出戰，遭到了吳國大臣的一致反對。他們認為吳國屢次用兵，軍隊疲勞，不能久戰；且魏國強大，不能取勝。急於求成的諸葛恪認為憑他的才幹，足以掃平中原、統一宇內，不顧眾人反對，而下了全國總動員令。

驕兵必敗。諸葛恪率二十萬大軍包圍魏的新城，兩個月也沒有攻下。期間，士卒困乏，又值天氣炎熱，軍中瘟疫流行，士兵多數病倒。部下天天報告士兵病倒的情況，但諸葛恪卻認為是胡說八道，甚至將報告者斬首。以二十萬大軍，攻一小城而不下，諸葛恪感到大傷體面，常常滿面怒氣申斥部下，當然這也挽救不了敗局。在無計可施的情況下，只好下令撤退。撤退之時，傷病兵東倒西歪堵住道路，或倒在溝裡，或給敵人當俘虜，到處是呻吟、哭救之聲，慘不忍睹。而諸葛恪卻是衣冠整齊、儀仗威嚴，一副滿不在乎的神氣。隨軍眾將，心中暗自憤恨。

這個戰敗的結局，使諸葛恪大失人心，而且處在朝廷內外的嚴厲批評聲中。控制近衛軍的武衛將軍孫峻看到諸葛恪的失敗，燃起了奪權的野心。他強迫皇帝孫亮設宴招待諸葛恪，暗中伏下刀斧手，在席間殺了諸葛恪，並滅其家族。諸葛瑾的擔憂，最終成為事實。

觸類旁通

驕傲之心得時時刻刻保護自己，為自己辯護。他在看不起別人、指責他人的同時，必定也會招來許多不愉快的回報。這種驕傲之心，在統帥和政治人物身上不僅僅是吃敗仗，而且還有性命之憂，在普通人的身上也往往會碰到意想不到的麻煩。為什麼有的人做事總是一順百順，而有的人做事卻是處處碰壁？我想驕傲之心也是一個不容忽視的問題。

李白輟筆黃鶴樓

大詩人李白儘管詩才極高，但政治上不得意，心裡非常苦悶，他遍遊名山大川，在領略壯美的山河景色中，排遣自己的煩惱。

這一天他來到湖北省武昌縣，巧遇好友高適，兩人久別重逢，欣喜萬分。高適比他先來一步，便以半個主人自居。李白也開玩笑地說：「既然如此，你可要盡地主之誼，告訴我，在武昌縣哪裡最好玩？」

「那不過是舉手之勞。」高適得意地說，「來到武昌縣，必遊黃鵠磯。否則，簡直是白來一趟。」

李白不解地問：「那是為什麼？」

高適說：「在黃鵠磯上，有一座黃鶴樓。黃鶴樓是武昌縣的一景，有美麗的傳說和精美的建築；登臨黃鶴樓，可盡觀江漢美景。在黃鶴樓上還可品嚐到美味佳釀，你說不去行嗎？」

李白忙說：「對，對，一定要去！你帶我到那裡去看看。」

兩人便向江邊的黃鵠磯走去。李白、高適邊走邊談，不覺已到了黃鶴樓前。李白抬頭一看，啊！果然名不虛傳。只見那黃鶴樓樓臺錯落、迴欄環繞，金碧輝煌的瓦頂、精雕細琢的木椽，漢江升起的晨霧在它周圍繚繞，真如瓊臺仙閣一般。

李白拉住高適的手說：「高兄呀，別人都叫我詩仙，今天我才是真的入了仙境呀！這莫非是玉皇大帝怕我無家可歸，特地為我建造的行宮吧。」

高適哈哈大笑：「喂，醒醒吧，別作夢了！這不是為你這個假仙人造的，而為真仙人王子安建造的。」

「此話怎講？」李白不解地問。

「我的腿也走累了，」高適不慌不忙地坐在石階上，「讓我坐下來跟你慢慢談吧……」

相傳在三國的時期，一個叫王子安的仙人遊仙路過江夏，在江邊辛氏酒館喝酒。辛家的酒香醇味美，王子安喝上了癮，每天到這裡痛飲。一連幾年過去了，也沒給辛氏酒店一分酒錢！當然，店老闆也很大方，從沒有因為他不給酒錢而不給他酒喝。

一天，王子安自己有些不過意了，他用橘皮在牆上畫了一隻鶴，對辛老闆說：「我欠了你許多酒錢，今天畫一隻鶴做酬謝。以後有客人來飲酒，你讓客人拍手唱歌，鶴必會下來起舞。」

辛老闆並不知王子安是仙人，他將信將疑，選了一個客人最少的日子試了一下。客人拍手唱歌，那牆上的仙鶴果然從牆上翩翩而下，輕輕起舞；歌聲停止，鶴又回到牆上。消息傳出，遠近的人們為了觀看仙鶴的表演，都來辛家酒館喝酒。十年以後，辛家酒店積蓄了萬貫家財。一天，王子安又來到酒館，問老闆說：「我過去白喝了你許多酒，我的鶴給你的報償怎麼樣了？」

酒館老闆忙說：「仰仗您賜予的黃鶴，我所獲得的利潤，已經遠遠地超過了您應該給我的酒錢了。請你多待一會兒，我要拿上好的酒來款待您。」

「不必了。」王子安從懷中取出一枝短笛，輕輕一吹，屋裡響起了輕柔悅耳的仙樂。不一會兒，天上的白雲飄然而下，黃鶴翩翩飛到王子安的面前，王子安跨上鶴背，乘雲而去。這一切辛老闆都看在眼裡，為了取個吉利，他用那萬貫家財，在黃鶴飛起的地方，建了一座樓，取名為黃鶴樓。

高適講完了，李白還坐在那兒一動也不動，高適拍拍他的肩膀，調侃地說：「喂，聽入迷啦？該往上走了，還有更好看的呢！」李白趕忙跟著高適往上走。

李白、高適來到黃鶴樓上，憑欄遠眺，只見江湖煙波浩渺，隔江相望，對岸的漢陽城綠樹掩映，鸚鵡洲百草豐茂，如同一幅壯美的圖畫，撲入眼簾。

李白頓時覺得心曠神怡，感慨萬千。他雙目放光，兩腮通紅，一股創作的激情衝撞著他的心，一連串的詩句在他的腦海中閃現。高適很瞭解自己的朋友，他現在需要筆、紙。便急忙到店家那裡取來了筆墨，遞到李白的手裡。李白接過筆，又要紙。高適指著一面牆壁，說：「就題在這裡。」李白將筆在墨汁裡蘸飽了墨，揮筆便寫。可是，筆在半空中突然停住了。

原來，那面牆壁上已經有了一首詩。那詩寫的是：

「昔人已乘黃鶴去，此地空餘黃鶴樓。黃鶴一去不復返，白雲千載空悠悠。晴川歷歷漢陽樹，芳草萋萋鸚鵡洲。日暮鄉關何處是？煙波江上使人愁。」詩的落款是崔顥。

李白細細地品讀著。

高適正等著李白的佳作呢！因為憑他的經驗，李白一進入這種狀態，就會有好詩問世了。可是今天，李白卻是落不下筆了，真是一反常態，便說：「太白兄，你怎麼不寫了？」

李白回過頭說，說：「你沒看見，牆上已經有了一首！」

高適說：「那不過是崔顥的戲作。你寫你的、他寫他的，兩不相干呀！」

李白搖搖頭：「不，你說得不對。這不僅是一首好詩，而且是千古絕句。詩的前四句記述了黃鶴樓的古老而優美的傳說，後四句寫了今天黃鶴樓前壯美的景色，無論是典還是寫景，都貫穿了詩人思古之幽情，撫今之悵惘。詩寫得自然典麗、對仗工整，語言也流暢如水，真是好詩呀！」

高適聽李白的這一通分析品詩，再仔細地去讀崔顥的詩，覺得確實寫得不錯。自己只當崔顥的功夫不如李白，便將他妄自菲薄一通，真是太小人之見了。但他還是不理解自己的朋友，為什麼今天寫詩這麼猶豫，便勸李白說：「你還是寫一首吧，難得來一次，總得留個紀念呀。」

李白搖搖頭，吟道：「眼前有景道不得，崔顥題詩在上頭。」

原來，李白並不是不想寫，而是把自己頭腦中閃現出的那些詩句，同崔顥的詩加以比較，總是感到自愧不如。堂堂的詩仙竟然詞窮了。

觸類旁通

謙虛的人特別善於發現別人的優點和長處，也最善於發現自己的缺點和不足，從而獲得前進的動力和學習的榜樣。

當李白看到聲望不如自己的崔顥的作品時，他能夠毫不猶豫地大加讚賞，這種精神不僅在「文人相輕」的時代應加以表彰，在今天也是值得稱道的。

柳公權拜師學字

唐朝的一所學堂裡，一群孩子正在埋頭寫字。先生在一個叫柳公權的孩子桌邊停下，捋著鬍鬚，滿意的點頭，接著又走到講臺前，當眾表揚柳公權的字，並要大家向他學習。柳公權露出了得意的神情。

放學後，柳公權一個人回家，發現村口一棵大樹下，有幾個孩子在玩耍。他想加入，卻遭到大家的拒絕。原來，柳公權平時心高氣傲，看不起周圍的小夥伴，經常挖苦他們。所以大家都不喜歡他，當然也就不願意帶他一起玩了。

柳公權很生氣，故意使用激將法，說：「我知道你們玩不過我，不敢和我一起玩！」孩子們很不服氣，決定和他比試。但是，比什麼呢？柳公權狡猾地說：「我們比寫字！誰寫得好，誰就當將軍；寫得不好就當馬，給將軍騎！」孩子們居然答應了。

於是，每人拿來一根樹枝，一筆一畫地在地上寫起來。柳公權很快就寫好了，他很得意，以為自己是第一個。但抬頭一看，卻發現有一個孩子也寫好了，柳公權非常不服氣。

這時，村裡賣豆腐的老人正好經過，柳公權就請他當裁判，評定誰的字寫得最好。老人仔細地看了看柳公權和那孩子的字，沒有說話。柳公權偷偷地瞥了一眼那孩子的字，發現字寫得七歪八扭，遠不如自己的字，不禁暗自得意起來，他料想老人一定會判他贏。誰知老人看了他一眼，思索了片刻，居然說柳公權的字稍遜一籌。

最後，他只好被人當馬騎，感覺到從來沒有過的屈辱和委屈，眼淚不由自主地流了下來。

他又氣憤又懊喪的回到家，卻發現賣豆腐的老人已經坐在他家了。柳公權一看到他就非常生氣，說自己的字明明比別人好，為什麼要判別人贏了？老人慢條斯理地說：「你的字寫得不好，就像我賣的豆腐一樣，有肉無骨、有形無體。」柳公權一聽，更加不服氣，反問道：「那你寫幾個給我看看？」老人笑道：「我是寫不出的。不過，你可以去華原城裡看看一個用腳寫字的人，就明白其中的道理了。」

第二天，柳公權將信將疑地來到華原城的集市上，想證實一下老人的話。他四處詢問，果然打聽到一個外號叫「字畫湯」的賣藝人，跑去一看，一大群人圍在那裡，水洩不通。他費盡九牛二虎之力鑽進人群，一下子嚇呆了——這個沒有手的殘疾人席地而坐，左腳按住紙，右腳的拇指和中指靈活地夾住筆，一筆一畫，轉眼功夫就寫好了一副對聯。柳公權暗暗吃驚，不由自主地「撲通」一聲，跪倒在「字畫湯」的面前，懇求拜他為師。誰知「字畫湯」卻一口拒絕：「我只是一個殘疾人，靠寫幾個字混飯吃，哪能收你為徒弟呢？」柳公權執著地說道：「我從小就酷愛寫字，自以為寫得很不錯。今天見了您寫字，才明白自己平日裡的淺薄，您就收下我吧！我很想知道您寫字的訣竅。」但是，任憑柳公權怎樣苦苦哀求，「字畫湯」都不為所動，堅決不肯收徒。柳公權並不灰心，默默地守候在「字畫湯」的身邊，不肯離去。天黑了，「字畫湯」收拾東西回家，柳公權一路跟隨，一直把他送到家門口才走開。他轉身時，「字畫湯」似乎有話要說，嘴巴張了張，卻沒有說。

第二天一大早，「字畫湯」剛到集市，就發現柳公權已經站在那裡等候了……就這樣，柳公權一連幾天，天天站在「字畫湯」的身邊，一邊看著他寫字，一邊臨摹。後來，「字畫湯」終於被感動了，緩緩地說：「我顛簸了一輩子，悟出一點寫字的道理，留給你吧！」說完，提筆寫了一首詩：寫盡八缸水，硯染澇池黑；博取百家長，始得龍鳳飛。

柳公權手捧詩稿，沉思良久，終於悟出一個道理：「成功的訣竅不僅在於勤奮，還在於虛心。」他鄭重地向「字畫湯」行了一個大禮，說：「您不僅教我寫字的訣竅，還告訴了我做人的道理。」

柳公權滿載而歸，在村口再次碰到賣豆腐的老人。老人告訴他：其實他的字確實寫得很好，上次之所以說反話，是覺得他的傲氣太重了，需要提醒提醒。柳公權感激地給老人磕了個頭……

許多年以後，柳公權在博採眾長的基礎上，終於成為一代書法名家，他的字被人們稱為「柳體」。

觸類旁通

「成功的訣竅不僅在於勤奮，還在於虛心。」柳公權不僅能夠討教到寫字的訣竅，而且能夠從中悟出做人的道理，終於使自己的字又上了一層樓。其實，人進步的敵人是自己的滿足和驕傲，所以要不斷進步，就要經常掃除傲氣，回歸虛心，從零開始。虛懷若谷，才能盛得下別人的東西。

拜師不惜身為奴

五代南唐有位畫家叫鐘隱，他從小喜歡畫畫，經名師指點，自己刻苦練習，年紀不大就成了名。

「窮在鬧市無人問，富在山林有遠親」。鐘隱成了名以後，家中的賓客絡繹不絕，有求畫的、有求教的、有切磋探討畫藝的，當然也有巴結奉承的，好不熱鬧。

要是換了膚淺的人，遇到這種情況，一定會自鳴得意、沾沾自喜，可是鐘隱對這一切卻無動於衷，每天仍然在書房裡潛心作畫，除了萬不得已，一切應酬的事全讓家人代勞。無意之中，連自己的新婚妻子也給冷落了。

鐘隱的妻子出嫁前也是個大家閨秀，她在娘家時，就聽說鐘隱少年得志，很傾慕他的才華。而她自己又長得端莊秀麗，人們都說她和鐘隱

是郎才女貌，天成一對、地成一雙。沒想到，嫁到鐘家以後，丈夫雖是才華橫溢，對自己也很體貼，只是總覺得他對畫畫比對自己更著迷，心中漸漸有些不快了。

一天，鐘隱正在畫畫，他的妻子悄悄走進書房，幫他研墨，鐘隱感謝地向她點點頭，繼續作畫。妻子幾次欲言，又幾次閉口，最後實在忍耐不住，說道：「夫君何必自己困擾自己，你已有萬貫家財，又有如花閉月的嬌妻，自己的才華也受到世人的讚賞，還有什麼值得你這樣每日辛苦呢？」

鐘隱放下手中的筆，從書架上取下一幅畫，在妻子面前打開，說道：「你看這上面的鳥畫得怎麼樣？」

妻子說：「我不懂畫，說不出門道。不過，我覺得那鳥像活了似的，翅膀正在動。」

鐘隱又取出另一幅畫，打開放在妻子面前，問道：「你再看這幅畫怎麼樣？」

妻子搖搖頭說：「這怎能跟那幅相比，那鳥畫得呆頭呆腦的，像是貼上去的。」

鐘隱把畫輕輕捲起，笑著說：「誰說你不懂畫，看得很準，只是那第一幅是別人畫的，第二幅才是你丈夫畫的。雖說在畫山水畫上我已經有了點功夫，可是畫花鳥還差得遠呢。你說，我怎能不練習呢？」

妻子的臉紅了。從此，她再也不勸鐘隱輟筆了。

鐘隱深知，自學一年，不如拜師一天。要想畫好，必須有名師指點，也免得走歪路，事倍功半。他四處打聽擅畫花鳥的名師高手，自己好前去拜方學藝。可是打聽了很久，也一無所獲，鐘隱心中十分煩惱。

這一天，他與故人侯良一起喝酒，酒到酣處，兩人的話也就多了。鐘隱訴說了自己的苦惱，並問侯良是否能引薦個擅畫花鳥的名師。侯良說：「這你可找對人了。我的內兄郭乾暉就很擅長畫花鳥畫。我妻子說，有一次他畫的牡丹，竟把蜜蜂給招來了。不過這個人性格古怪孤僻，別說收學生，就連自己畫的畫兒也不輕易給人看。更怪的是，他畫畫還總躲著人，恐怕人家把他的技法偷學去。」

鐘隱倒覺得郭乾暉這個人很有意思。他如此保守，應該是有訣竅的。可是怎麼才能接近他呢？這倒得費費腦筋了。

鐘隱是個倔脾氣，什麼事只要他想做，就一定要千方百計地做成。他四下打聽，聽說郭乾暉要買個家奴。他想，這倒是個好機會，我何不扮成個家奴，一來可以進郭府，二也可以看到郭乾暉畫畫。於是鐘隱置辦了幾件奴僕穿的粗布衣服，打扮成僕人的樣子，就到郭府應聘去了。

管家對鐘隱很滿意，又把他帶到郭乾暉面前，說道：「老爺，您不是想找個伺候您的僕人嗎，我看他人年輕俐落，長得也聰明，您就留在跟前吧。」

郭乾暉上下打量了一下鐘隱，他一身粗布短衫，腳穿大酒鞋，像個幹活的人，可是他那張細皮嫩肉、聰慧靈氣的臉，卻與眾不同，便問他：「你是本地人嗎？」

鐘隱回答：「不是，我本想進京趕考，不料把盤纏全丟了，只好暫時與人為奴，掙夠了路費便走。」

郭乾暉暗暗得意：「我的眼力不錯，果然是個讀書人。」接著說道：「那好，就留下吧，好好做，我不會虧待你的。但有一樣，讓你做的你一定做好，不讓你做的，你絕不許做。」

鐘隱滿口答應，就這樣，他進了郭府。

在郭府，鐘隱每天端茶侍候，什麼雜活兒都幹。他畢竟是個富家子弟，一切生活起居從來是由別人照顧，哪裡做過這些粗活，一天下來，累得腰痠腿疼。唯一使他感到安慰的是，他看到了一些郭乾暉畫的畫，那可真是名副其實的上乘之作。

鐘隱想盡辦法，堅持不離郭乾暉左右，希望能親眼看見他作畫。而每次作畫，郭乾暉不是讓他去做這，就是讓他去做那，想盡辦法把他打發走。就這樣，鐘隱雖然賣身為奴，還是沒有看到郭乾暉作畫。

一連兩個月過去了，鐘隱還是一無所獲，幾次他都產生了離開的念頭，但心中還存有一線希望使他留下來。

鐘隱賣身為奴去學畫的事情沒有告訴任何人，連他的妻子也只知道他是出遠門會友。鐘隱畢竟是個名人，每日高朋滿座。可是這些日子朋友來找他，家人說他出門了，問去哪兒了，又都說不知道。一次、兩次，搪塞過去，時間一長，人們就起了疑心。最後連家人也疑心重重，特別是鐘夫人，非要把他找回來不可。

一天，郭乾暉外出遊逛，聽人家說名畫家鐘隱失蹤了兩個月了，連家人也不知他去了哪兒。再聽人家描述鐘隱的歲數和相貌，郭乾暉覺得這個人好像在哪裡見過。仔細一想，想起來了，跟家裡的那個年輕人相像，他也正好來家裡兩個月。

「怪不得他總想看我作畫呢！」郭乾暉恍然大悟，「不過，他倒真是個好青年，能帶這樣的學生，是老師的幸運！我也就後繼有人了。」

郭乾暉急急忙忙地跑回家，把鐘隱叫到書房裡，說道：「你的事情我全知道了。為了學畫，你不惜屈身為奴，實在使老夫慚愧。我多年來不教學生，自有我的道理，如今遇到你這樣虛心好學的青年，我也不能不破例，將來你會前途無量的。」

鐘隱終於以執著的求學精神感動了郭乾暉，名正言順地成了他的學生。郭乾暉把自己多年的體會和技藝，毫無保留地傳授給了鐘隱。

觸類旁通

郭乾暉這位老師是很古怪，他古怪自有古怪的道理，鐘隱作為學生，希望從老師那裡得到教誨，就只有努力地得到老師的理解。他「偷」藝不成，反被老師識破，他不惜屈身為奴的勇氣，最終打開了老師心中的鎖。為了學習，做什麼都是值得的。

宋祁不用僻字

北宋的宋祁是一位文學、史學家。他在寫文章和詩詞的時候，很喜歡用奇特、怪僻的字眼。有時候用的很成功，不落俗套。比如，他寫過一首傳唱一時的〈玉樓春〉詞，其中有一句「紅杏枝頭春意鬧」，其中「鬧」字用的格外新奇別致。

杏花只能觀賞，怎麼會喧鬧起來呢？宋祁正是運用通感的手法，打通了視覺和聽覺，把杏花寫得新鮮活潑。

可是在大多數情況下，宋祁用生僻古奧的字眼是失敗的。如果平時寫寫文章、詩詞，用了這類字眼，問題倒也不大，可是作為一個編纂歷史書籍的史學家，問題就來了。

有一次朝廷任命宋祁協助歐陽修將後晉張昭運等人編訂的《舊唐書》改寫成《新唐書》。歐陽修是當時北宋著名的散文家，他寫的文章平易暢達，明白如話。歐陽修平時最反對生硬、險怪的文風，因此他的散文不但通俗易懂，而且筆調委婉曲折，以情動人。

以歐陽修為首的一班人馬在翰林院開始了工作。幾個月過去了，有一部分稿子交了上來，歐陽修每天逐字句地閱讀修改。

歐陽修發現，稿子中，宋祁的文章比較精煉警拔，但是他常常使用一些冷僻艱深的詞語，讀起來不夠流暢，也不好懂，真是「一粒老鼠屎，壞了一鍋粥」。

「要是他能改掉這個缺點該有多好啊！」歐陽修邊看邊歎道，「但宋祁這個人有點主觀自信，如果直接向他提出來，他也許不會接受，怎麼辦呢？」

為了這件事，歐陽修琢磨了兩天，最後終於想出一個好辦法。

這天上午，歐陽修正在翰林院閱讀稿本，不一會兒，宋祁也來了。兩個人寒暄了一陣之後，就坐在一起討論起編史書的事情和存在的一些疑難問題。

這時，歐陽修提筆在紙上寫下八個大字，「宵寢匪貞，札闥洪休」，然後將紙遞給宋祁說：「子京（宋祁的字），你能解釋這幾個字的意思麼？」

愛用僻字怪句的宋祁想了老半天，才說：「莫不就是『夜夢不祥，題門大吉』的意思嗎？這是哪位古董先生的大手筆，害得我猜了這半天的謎！」

歐陽修笑了，「總算讓你猜對了！不過，你老兄不是也常犯這類的毛病嗎？」宋祁的臉紅了，不過他還不服，要歐陽修拿出證據來。

「好吧！」歐陽修翻開前幾天宋祁送來的稿本，又拿出《舊唐書》的稿本，放在宋祁面前。

歐陽修指給宋祁看：「《舊唐書》上的原文是『疾雷不及掩耳』，平易好懂，可是你卻把它改成了『震雷無暇掩聰』。原文是『蓬生麻中，不扶而直』，也通俗生動，你卻改成了『蓬生麻不扶而挺』！」

歐陽修一口氣指出了四、五條類似的毛病。

歐陽修見宋祁面紅耳赤，不再說話，怕他太難堪了。他一邊收拾稿本，一邊語重心長地對宋祁說：「子京，你說咱們寫文章為什麼？不就是為給天下人看的嗎？尤其是編史書，主要是給後代人看的。所以一定要明白好懂，多替別人著想、多替後人著想，唐代白居易的詩就勾上了這個標準，值得咱們好好學習！」

宋祁聽了歐陽修的一番話，深受感動，他誠懇地接受了歐陽修的批評。從此以後，他每寫詩文都盡量注意少用或不用生硬冷僻的字眼了。

觸類旁通

俗話說：「當局者迷」，「不識廬山真面目，只緣身在此山中」。這都是說當你處於某種環境或氛圍之中，你自己恰好看不清這裡面的奧妙所在。自己身上的缺點和不足，也往往難於被自己認識，有時甚至把缺點當優點，自我欣賞。宋祁寫詩文用僻字，也屬於這種情況。歐陽修作為旁觀者，對宋祁的這個缺點看得委實清楚。當即指出他的缺點所在和利害關係，宋祁虛心地接受了意見，改正了自己的缺點。

「不當在弟子列」的弟子

蔡元定，出生在南宋時期的一個書香門第之家。父親蔡發博覽群書，是一個很有學問的人。蔡元定自幼從父學習，博覽經史，很快就成為遠近聞名的學者。

蔡元定雖然很有學問，但從不驕傲自滿，從不在人們面前顯示自己的高明，而是時時覺得自己學有不足，想方設法向新的高峰攀登。

他聽說朱熹是個大學問家，便親自前往拜師學藝。朱熹聽說又來一位投師弟子，趕緊召入房中。

蔡元定緩緩走進來，口稱：「恩師，請收下我這個弟子吧。」說完，就要行拜師禮。朱熹趕忙上前扶起蔡元定，讓他在對面坐下。

兩人開始天南海北地談論起來。無論是經學，還是史學，朱熹都提

出了許多問題，結果，沒有一個問題難倒蔡元定，他不但對答如流，更有自己的見解，在某些問題的論述上，甚至有超過朱熹之處。

朱熹非常驚訝，十分感慨地說：「此吾老友也，不當在弟子列。」

「不敢！不敢！」蔡元定趕忙跪下說：「我是來投師學習的，老師十分抬舉我，弟子非常慚愧，還是請恩師收下我這個弟子吧。」

朱熹急忙扶起蔡元定說：「快起來！快起來！」

蔡元定說：「恩師不答應，弟子就不起來。」

「好說，好說，快起來吧！」朱熹趕忙說，「我答應你留下來了。」蔡元定聽了這話，非常高興，立即站了起來。

此後，蔡元定一直把朱熹當恩師看待，虛心向朱熹學習。

朱熹則把蔡元定視為講友，常常和蔡元定談論到深夜。四方來投師求學者，朱熹總讓他們先從蔡元定學習；朱熹疏釋《四書》及為《易傳》、《詩傳》、《通鑑綱目》等，皆與蔡元定反覆商量。朱熹的著作中滲透著蔡元定的大量汗水。

此外，蔡元定還著有《律呂新書》、《皇極經世》、《洪範解》、《西山公集》等著作，成為南宋時期著名的大學問家。蔡元定遂成為朱熹在五夫授徒的好助手，後來還成為朱熹的著述典籍的有力合作者、傳人和衛道者。他的裔傳子孫是朱子理學的中堅，特別是兒子蔡沈，尤得朱子理學真傳，學名遠播。

觸類旁通

「人貴有自知之明」，說的是一個人在社會生活中的基本素養。人們生活在紛繁複雜的社會中，不僅需要對身邊的人和事物做出正確的判斷，這是不容易的。然而，更為困難的是，對自己在整個社會中的位置和地位做出恰如其分的判斷，並以此為依據，作為立身處世的出發點。

蔡元定的可貴之處就在於能夠在朱熹極力誇獎的情況下，保持著清醒的頭腦，知道什麼是自己能做的、什麼是自己該做的，什麼是自己不能做的、不該做的。生活在現實生活中的人們更應該很好的瞭解自己，進而為自己確定一個切合實際的目標，堅定不移地為著目標而努力，方能成就一番事業。

辛棄疾虛心求教

南宋著名詞人辛棄疾所作詩詞氣勢磅礴，深受人們喜愛。

一天，辛棄疾又來了靈感，大筆一揮，寫下了《永遇樂》千詞，首章曰：「千古江山，英雄無覓孫仲謀處。」又曰：「尋常巷陌，人道寄奴曾住。」寓意感慨，則曰：「不堪回首，佛狸祠下，一片神鴉社鼓。憑誰問，廉頗老矣，尚能飯否？」

辛棄疾有個習慣，每出得意之作，總要讓歌女在宴會上演唱，既讓眾人欣賞，又要徵求意見。這次，辛棄疾又有了得意之作，當然不能不按老規矩辦了。

於是，辛棄疾擺下筵席，邀請了詩文好友。席間，歌女們數次演唱了辛棄疾的新作。演唱完畢，眾人齊聲叫好，恭維之詞不絕於耳。辛棄疾心中很高興，但他還是說：「各位不要只叫好，還是給我挑挑毛病吧。」

「不敢，不敢……」大家推辭著。

辛棄疾又說：「文章不厭百回改。人們往往不容易看到自己作品的缺點，不知道缺點怎麼改呢？各位不要顧慮，還是給我的詞挑挑毛病吧。」

眾人還是不出聲。

沒辦法，辛棄疾開始點名，挨個徵求意見。

在座有位年輕人，是抗金名將岳飛的孫子岳珂，年少有為，敢於發表意見。當辛棄疾點名讓他提意見時，岳珂有些猶豫，因為在座的大多是長輩，且為文壇名流，哪有自己挑毛病的道理。但他看到辛棄疾十分誠懇，便直率地說：「待制（指辛棄疾）之詞，脫古去俗，自成一家，確是好詞。但要精益求精的話，我倒有點疑慮。」

辛棄疾一聽，非常高興，立即來到岳珂身邊，讓他快說。

岳珂見辛棄疾一片誠意，疑慮全消，直率地說：「待制之詞，前篇豪視一世，獨首尾二腔警語有些不相似。新作用典又有些多了。」

辛棄疾聽了，非常高興，立即斟滿一杯酒，雙手遞到岳珂手中，自己又斟滿一杯酒，手舉酒杯，對岳珂說：「你的話正好說中了我的毛病，我就是愛用典故。」說完，兩人哈哈大笑，一飲而盡。

在座眾人也舉起酒杯，一飲而盡，宴會進入高潮。

宴會以後，辛棄疾便按岳珂的意見重新修改，一天改數十遍，還是不滿意，一直改了一個多月，才最後改完。正由於辛棄疾有這種虛心求教和一絲不苟的精神，才寫出了那麼多千古不朽的佳作。

觸類旁通

「認真，是一種態度。」它所反映出來的並不僅僅是事情本身，而是能夠體現一個人

的精神風貌與性情涵養。這一點在身份尊貴和奮鬥出一番大成就的人身上，更是值得後世推崇和學習。

辛棄疾作為宋代文壇的一代詞宗，還能夠虛心聽取別人的意見，並且能夠一絲不苟的加以改正自己的不足，其意義也就非同一般了。修身養性最不容易做到的，就在於平凡、瑣碎的小事中向著目標持之以恆。這或許就是辛棄疾的煉字中所體現出的「一絲不苟與認真」吧。

梁啟超虛懷若谷

梁啟超是中國近代的一位聞名的大學者，他一生著述宏富，共有一千五百萬言的著作存世。梁啟超之所以能有如此輝煌的成就，首先是他刻苦求知、勤奮治學的結果，但也得益於他一貫的謙虛精神，能聽得進對他學術提出批評的逆耳忠言。

有一次，他的好友周善培宴請他。席間，周善培直言不諱地批評他做學問的毛病說：「你的一枝筆驚醒了長久處於睡夢中的中國人，這方面無需我來恭維你。但是寫文章有兩個境界：第一是能動人，讀了你的文章沒有不感動的，這一步你已做到了。第二個境界是留住人。司馬遷死去快兩千年了，至今《史記》中的許多文章還是百讀不厭。你這幾十年中，寫了許許多多的文章，但你想想看，別說百讀不厭，就是讓人願看兩遍、三遍的能有幾篇文章？」

梁啟超聽了這種刺耳的言語，猶如冷水澆頭。而他卻毫不生氣，並

且還虛心地進一步請教周善培：「你說文章怎樣才能留人呢？」周善培認真地回答說：「文章要留人，必須做到言外有無窮之意，讓讀者讀了又讀，仍不能窮盡其中的奧妙。如果一篇文章把作者所有的想法一口氣說完了，自己的思想先窮盡了，誰還肯費力再去讀第二遍呢？文章開門不見山不能動人，但一開門就把所有的山都看完了，裡面沒有溝壑、沒有層次，人自然一看就掉頭而去，怎麼可能會深入山中探求溝壑呢？」梁啟超深感老朋友的批評透徹精當，很有見地，點中了自己文章的要害，便連聲稱謝，虛心接受。從此，梁啟超的文章果真大為改觀，更加精益求精。

梁啟超學識廣博，學術研究領域寬闊，他對各種學術問題都有濃厚的興致，所以經常在報刊上發表文章，與人家爭論。周善培對他這種做學問趕熱鬧、隨大流的作風，也很有意見，因此又批評他說：「論你的文章，你的學術地位應該站在提倡和先導的位置，要別人跟你跑才對，你卻總是跟著人家跑。這就不能充分發揮你的作用。」梁啟超對此亦欣然接受，以後他在學術研究上更加注意專一和高深。

觸類旁通

梁啟超崇拜墨子的人格，自稱「任公」。他一直以吃苦耐勞、修身齊家、養性律己，以治國平天下為己任。他始終以百科全書式的大學問、大氣派，關懷著中華民族的自強自立，並以此影響自己的孩子。

關於梁啟超的學問、人品，在中國歷史上的地位已經得到了人們的認可。虛心接受好友的批評，也正是他之所以能夠取得如此巨大的成就的重要原因之一。人的性格、氣質的培養，確實也就是在這個從不馬虎對待自己的任何一個缺點，從不放棄任何一個改正自己缺點的機會當中形成的。

國家圖書館出版品預行編目（CIP）資料

越古老越美好：原來，廉潔是種拒絕的藝術 / 許汝紘暨編輯企劃小組編著. -- 初版. -- 臺北市：九韵文化；信實文化行銷, 2017.06

面；　公分

ISBN 978-986-94750-2-0(平裝)

1.修身 2.通俗作品

192.1　　　　　　　　　　　106006490

What's Knowledge
越古老越美好：原來，廉潔是種拒絕的藝術

作　　者：許汝紘暨編輯企劃小組　編著
封面設計：陳芷柔
總 編 輯：許汝紘
美術編輯：陳芷柔
編　　輯：黃淑芬
發　　行：許麗雪
總　　監：黃可家
出　　版：信實文化行銷有限公司
地　　址：台北市松山區南京東路5段64號8樓之1
電　　話：（02）2749-1282
傳　　真：（02）3393-0564
網　　站：www.cultuspeak.com
讀者信箱：service@cultuspeak.com
劃撥帳號：50040687 信實文化行銷有限公司

印　　刷：上海印刷廠股份有限公司

總 經 銷：聯合發行股份有限公司
地　　址：新北市新店區寶橋路235巷6弄6號2樓
電　　話：（02）2917-8022

香港總經銷：聯合出版有限公司
地　　址：香港北角英皇道75-83號聯合出版大廈26樓
電　　話：（852）2503-2111

2017 年 6 月 初版
定價：新台幣 350 元